铜官陶工

雍起林作品背后的故事

徐慧◎著

湘潭大学出版社

序 一

《铜官陶工——雍起林作品背后的故事》即将付梓了。该书共八章三十四小节，内容真实，图文并茂，翔实地记录了中国陶瓷艺术大师雍起林先生毕生奋斗的辉煌历程。

“只争朝夕”是雍起林先生的座右铭，从十二岁开始跟随父亲制陶学艺起，他就把自己的发展思维定格在传承陶艺和创新发展的思路上，尽情挥洒对铜官陶瓷艺术无限热爱的豪情。

“源于生活，高于生活”是雍起林先生艺术成功的源头。在他的获奖作品中，《油盐缸》《铜官一绝》等都是本土的精华。

“艺无止境”更是雍起林先生一生奋斗的宗旨。从1960年由单位选送至北京中央工艺美术学院学习一年，到1968年在敬塑毛主席塑像期间有缘与全国著名雕塑家张松鹤先生同室工作，他边学边做，在人生的黄金时代能得到名师的教导，受益匪浅，从一个愣头小伙蜕变成中国陶瓷艺术大师，令人敬佩。

火热的激情，火热的时代，雍起林先生立足陶都，放眼世界，他曾分别去突尼斯、柬埔寨教学传艺，在去德国、意大利、梵蒂冈、越南、泰国、中国香港等地考察时不忘推崇、弘扬民族技艺，践行了今天“一带一路”的倡仪，让铜官陶瓷艺术走向世界。

“老骥伏枥，志在千里”，雍起林先生虽已耄耋之年，但精神矍铄，壮心不已，乐观向上，励志创业，满怀民族激情，倾心红色雕塑，热忱创建艺术馆，为振兴新时代陶瓷文化的砥砺前行，奋斗不止！

刘铁柱

2019 年 10 月

（刘铁柱，原湖南省铜官陶瓷总公司职工教育专干，铜官陶瓷工人大学教师，陶瓷总公司总经理助理兼办公室主任。2008 年 8 月出版《铜官古韵》一书，同年参加编撰《中国历史文化名镇靖港》《陶魂》等书。2012 年 2 月被中共望城区委、区政府授予“雷锋之星”荣誉称号）

序 二

民间艺人·陶瓷家· 雕塑家

——祝《铜官陶工——雍起林先生作品背后的故事》面世

“生正逢时”，我欣赏这一短语。

生正逢时成就了湖南民间艺人、陶瓷家、雕塑家一生很可观的业绩。

新中国成立后，中央轻工业部委托当时的中央工艺美术学院主办“全国陶瓷美术培训班”。其间各省陶瓷著名窑口、陶瓷产区、县乡民窑选送艺人、艺徒进京学习。曾记得：学员年长者六七十高龄、年少者十六七岁，有百数人之众。此一时，学院内涌起了学习祖国优良传统文化艺术和民间陶瓷乡土文化的热潮……

雍起林君是铜官卓有成绩的民间艺人，经选举担任了由师生组成的核心组成员，参与组织领导学习的工作。值得提起的是：在国家“三年困难时期”诸多方面的学习和生活中，他起到了表率模范榜样的积极作用，得到了领导的表扬和师生们的称赞。

在首都深造学习前后，起林勤学苦练，得到了老师和同学们的普遍认同，助力他成为民间陶瓷艺人中的一位优秀的雕塑家。民间陶瓷出身的手艺人具备了陶瓷手艺技术，又因得到了雕塑专业教育的培养，陶瓷的堆、镂、刻、画、捏塑手艺与学院雕塑基础、艺术表现于一身，心境不同一般。雍起林带着朴素的感情敬塑各不同历史时期的毛泽东主席塑像，相貌神情表现细微，自有独到之处，作品得到业内外专家、学者和广大民众的敬爱、肯定和赞赏。

出生望城铜官陶艺世家的后人雍起林，继承并发展了铜官窑民间制陶手工艺，巧手天成，创造了高度过人的绣球坐狮、供陈设用的作品大器煨缸、花罐小件物品无以数计。民间陶瓷人经过专业深造，在领导和同事朋友们的共同努力下，开拓了陶瓷炻器，为地方窑场生产日用陶瓷作出了贡献。这是铜官制造生活日用器物面向广大民众良好的传统，值得社会关注和称颂。

上个世纪，作为我国援外陶瓷专家，起林两次出国突尼斯和柬埔寨援助，指导陶瓷技艺，促进了国家间友好合作，是有成绩、有功劳、受到表彰的。

民间艺人、陶瓷家、雕塑家雍起林先生，老骥伏枥，志在千里，高瞻远瞩，无私传艺，多次得到各种褒奖和荣誉。1994 年、1997 年，他的业绩分别编入《中国民间艺人录》和《世界名人录》。

雍起林先生为人忠厚，勤勉朴素，社会公益一心一意，不忘初心，事事从不“伸手”，更无功名，值得钦敬。愚下在他早年的日记本里写下：

生正逢时　忠诚祖国

热爱事业　勤勉进取

坚守品格　担当道义

我们是数十年亦师亦友的情谊，有这样的朋友，我很荣幸……

任生（梁任生先生）年方九十，年老瓜呆，写下了几行文字，实难为序。

梁任生

2021 年 4 月

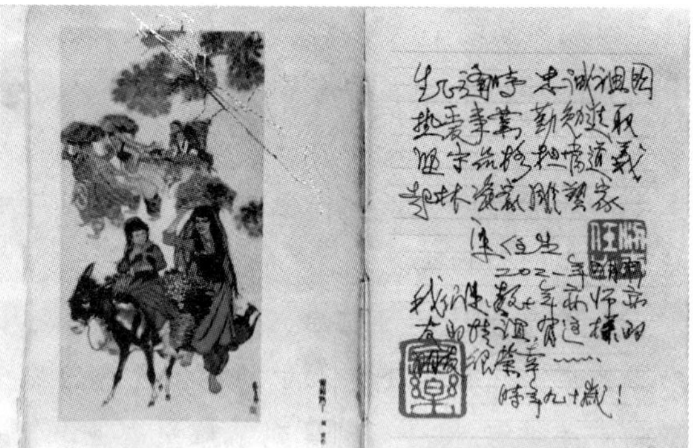

（梁任生，1931 年出生于北京东城，1952 年毕业于北京中央美术学院实用美术系。先后在中央美术学院、中央工艺美术学院任教，中国美术家协会会员，画家、评论家。曾任中央工艺美术学院教研室主任，艺术设计研究所负责人，北京展览馆（苏联综合性大展）美术设计师兼副馆长，《装饰》杂志负责人、常务副主编，《中国设计》杂志编委，学院学术委员，北京亚运会专家委员会委员、美术顾问。出版《大地集——实用美术论文选》《中国现代陶瓷精品选》《中国现代民间陶器》《耘乐集》等著作）

雍起林艺术活动年表

1936 年　出生于立足铜官的陶工世家，自幼随父学艺制陶，逐渐掌握了做陶器的全套工艺。

1959 年　选派到北京参加全国工艺美术座谈会。

1960 年　选送到北京中央工艺美术学院学习。

1961 年　回铜官陶研所工作，从事陶瓷艺术设计创作工作。

1965 年　设计制作的陶塑作品《新民学会旧址》被韶山陈列馆收藏。

1968 年　在湖南长沙敬塑毛主席塑像筹建委员会期间，有缘与全国著名雕塑家张松鹤先生同室工作，边学边做，在人生的黄金时期得到名师的教导，受益一生。

1969 年　为湖南省展览馆塑造了高 5.16 米的毛主席塑像，作品当时陈列在湖南省展览馆。

1971 年　设计塑造了 2 米高的大型传统古狮一对，该作品被湖南省陶瓷馆收藏。

1972 年　引进炻瓷新品种，为铜官陶瓷史增添了新的一页。

1979 年　加入中国美术家协会湖南分会。

1981 年　任铜官美术陶厂副厂长。

1982 年　设计的《油盐缸》获轻工部三等奖。

1983 年　获“湖南省优秀包装设计者”证书。

加入湖南省陶瓷行业协会，担任理事。

1984 年　加入中国共产党。

1987 年　为北京人民大会堂设计制作的大型浮雕《雄鹰》获湖南省委办公厅荣誉证书；
设计的《西汉古酒瓶》获湖南省轻工厅新品种一等奖。

1987~1989 年　随专家组出援突尼斯，并在意大利、梵蒂冈、德国等国家考察学习。

1988 年　被推选为第六届长沙市政协委员。

1990 年　设计的《汉纹花钵》获湖南省轻工厅全省新产品评比一等奖；
设计的《15 头花面》获湖南省轻工厅全省新产品评比二等奖；
设计创作的陶艺《捏》获湖南省轻工厅全省新产品评比二等奖；
创作的《夫妻花瓶》获湖南省新产品评比三等奖。

1992 年　被推选为第七届长沙市政协委员。

1993~1994 年　被湖南省轻工厅选派为专家团出援柬埔寨进行陶瓷技艺指导工作，并在泰国、越南、香港等国家和地区进行考察学习。

1994 年　被编入《中国民间名人录》（东北师范大学出版社出版）。

1995 年　回国后仍在铜官陶研所从事设计创作工作。

1996 年　退休后受聘于湖南海旭实业集团担任技术总顾问，并创作了大型艺术煨缸，此缸比同行炽烈的缸类容量大出四倍以上，被誉称“中国第一缸”。

1997 年　参加长沙市政协会议并提出《建议潇湘电影制片厂设计制作一部电视连续剧——“陶瓷之路”》的提案，对铜官窑遗址的综合开发起到了宣传促进作用；
被编入《世界名人录》（第一卷由世界人物出版社、中国国际交流出版社在香港出版）。

2005 年　被评为湖南省陶瓷艺术大师。

2006 年　9 月，被评为高级工艺美术师；
设计创作的陶塑《铜官一绝》获湖南省省级金奖，作品被湖南省工艺美术协会收藏在湖南省工艺美术珍品及工艺美术大师作品收藏展示室。

2007 年　6 月，被长沙铜官窑遗址管理处聘为长沙铜官窑仿古产品研究制作技术顾问；

陶塑作品《永恒的创造》被湖南省工艺美术协会收藏于湖南省工艺美术珍品及工艺美术大师作品收藏展示室；

陶塑作品《青年毛泽东》被湖南省工艺美术协会收藏于湖南省工艺美术珍品及工艺美术大师作品收藏展示室。

2009 年　设计并创作的《长征·毛泽东》陶像获湖南省级金奖；

创建雍起林红色陶艺工作室。

2010 年　10 月，塑造的群雕作品《万水千山只等闲》在首届湘绣文化艺术节暨第三届湖南省工艺美术精品博览会暨第四届湖南省工艺美术精品大奖赛中获银奖；

12 月，被评为中国陶瓷艺术大师。

2011 年　获得湖南省工艺美术大师称号；

11 月 21 日，正式注册成立长沙市望城区铜官窑雍起林陶艺园。

2012 年　9 月，雍起林红色陶艺工作室被长沙市望城区委区政府授予“望城区首届名家工作室”；

获“长沙市望城区首届十大杰出人才提名奖”；

设计创作的陶塑作品《毛主席祝人民万岁》获湖南省省级金奖。

2013 年　雍起林陶艺工作室被长沙市望城区旅游协会授予“长沙市望城区旅游协会会员单位”；

9 月，首届长沙（国际）艺术精品博览会在湖南省展览馆举行，选送的陶塑作品《毛主席祝人民万岁》获得金奖，扩大了长沙铜官窑传统艺术的影响；

11 月，参加第十四届中国工艺美术大师作品暨国际艺术精品博览会，选送的陶塑作品《我自岿然不动——毛泽东》获得“国信·百花杯”中国艺术美术精品奖；

被长沙市望城区老科技工作者协会评为“先进个人”。

2014 年　5 月 28 日，注册商标“雍起林”；

被评为“长沙市 312 旅游发展带头人”；

被长沙市望城区政府评为优秀专业技术人员。

2015 年　3 月，陶塑作品《长征途中——毛泽东》在中国陶瓷艺术大展暨第十届全国陶瓷艺术设计创新评比中获银奖；

7 月，陶塑作品《铜官一绝》在湖南省“工艺美术大师”系列宣传表彰活动中被评为“最具艺术推广价值的工艺美术品”；
7 月，荣获“湖南省工艺美术行业杰出成就奖”；
10 月，荣获首届“湖南省工艺美术行业突出贡献奖”荣誉称号；
10 月，取得“雍起林”商标版权所有；
“雍起林”被评为长沙市自创知名品牌。

2016 年　陶塑作品《长征途中——毛泽东》获中国收藏产业凤羽奖银质奖；
6 月，雍起林陶艺工作室被授予“长沙市非物质文化遗产生产性保护基地”；
11 月，陶塑作品《青年毛泽东》获第九届海峡两岸（厦门）文化产业博览交易会银奖（省级）；
雍起林陶艺园被 11315 全国企业征信系统授予“立信单位”。

2017 年　1 月，专利《一种紫铜色陶瓷艺术釉的制备方法及其应用》取得证书；
被认定为长沙窑铜官烧制技艺市级非遗传承人；
获长沙市望城区非遗杰出成就奖。

目　录

第一章　涉足陶艺 ………………………………………………………… (1)

第一节　参与治理沩河 ………………………………………………… (1)
第二节　选派参加美术座谈会 ………………………………………… (6)
第三节　进修中央工艺美术学院 ……………………………………… (8)
第四节　创作新纪元——《新民学会旧址》 ……………………… (10)
第五节　湖南省展览馆布展 …………………………………………… (12)
第六节　结缘恩师张松鹤 ……………………………………………… (13)

第二章　第一个创作高峰期 ……………………………………………… (16)

第一节　光荣的任务 …………………………………………………… (16)
第二节　创作大型主席塑像 …………………………………………… (17)
第三节　创作小型主席塑像 …………………………………………… (20)

第三章　炻瓷的引进 ……………………………………………………… (23)

第一节　引进炻瓷 ……………………………………………………… (23)

第二节　投入试制 …………………………………… (25)
第三节　复色彩 …………………………………… (27)

第四章　第二个创作高峰期 …………………………………… (30)

第一节　创作《我们的榜样——雷锋》 …………………………………… (30)
第二节　创作《昭陵六骏》 …………………………………… (31)
第三节　大型传统绿釉陶古狮 …………………………………… (33)
第四节　七十年代的印记 …………………………………… (35)
第五节　美术陶厂创佳绩 …………………………………… (39)
第六节　创作大型浮雕《陶鹰》和《屈原石》 …………………………………… (42)
第七节　设计《陶城公园》 …………………………………… (44)

第五章　出国授艺 …………………………………… (47)

第一节　出援突尼斯 …………………………………… (47)
第二节　回国后的《湘情》 …………………………………… (49)
第三节　制作工艺钟 …………………………………… (50)
第四节　出援柬埔寨 …………………………………… (52)

第六章　第三个创作高峰期 …………………………………… (54)

第一节　《唐代铜官窑地形图》 …………………………………… (55)
第二节　创作中国第一缸 …………………………………… (58)
第三节　陶塑群雕《唤起工农千百万》 …………………………………… (60)

第四节 《铜官一绝》和《历史的车轮》的诞生 …………………（62）

第七章 最年长的创业者 ……………………………………………………（66）

第一节 一个创意成就最年长的创业者 ………………………（67）
第二节 病榻上完成的作品 ……………………………………（72）
第三节 研发紫铜色陶瓷艺术釉 ………………………………（74）
第四节 最满意的作品 …………………………………………（77）

第八章 为铜官陶瓷发热添彩 ………………………………………………（79）

第一节 雍起林艺术馆的诞生 …………………………………（79）
第二节 爱心成就梦想 …………………………………………（81）
第三节 无私传承 ………………………………………………（82）

附录 雍起林作品集 …………………………………………………………（87）

一、陶艺系列 ………………………………………………………（87）
二、设计手稿 ………………………………………………………（198）

后 记 ………………………………………………………………………（218）

第一章　涉足陶艺

第一节　参与治理沩河

陶瓷是人类文明史上最早出现的一种艺术品形态。恩格斯在《家庭、私有制和国家的起源》一书中曾经指出，人类野蛮时代的低级阶段是“从学会制陶术开始”的。中国是世界上最早制造陶瓷的国家，从泥土变为陶器，是人类第一次利用火的威力来改变事物的性质，从而使事物产生质的变化。千百年来，铜官的陶瓷制作，都是自发性、家族小作坊式的，而雍起林就出生在这样一个陶艺世家。

作为长沙窑制陶人的后裔，在生产制作陶艺的过程中，铜官传统的“手艺”人其“设计”与“制作”陶艺没有分开，产品设计也不拘一格，随意生成。即在制造产品之前，不需要绘图，更不需要产品建模，“设计”和“制作”都是由陶工一人完成，其产品设计伴随在产品制造之中，自唐代始，沿袭了上千年。今天，我们还可以从“长沙窑”出土的文物中窥见其端倪。

雍起林先生说：他们小时候“学窑”（称学习古老的制陶方式为学窑）很辛苦的，新中国成立前，还只有 12 岁的雍起林便随父亲“帮窑”。

而所谓“帮窑”，是那个时代特有的产物，源出古老的全套制陶过程及销售的完整运作方式。这里的窑是指江南特有的窑——龙窑。龙窑利用当地的自然山丘，拱建于斜坡之上，是一种半连续式陶瓷烧成窑，它依一定的坡度而建，以斜卧似龙而得名。以前的龙窑都是合伙投资兴建，窑老板称“资方”，其按投资的份额比例分配利润。“帮窑”就是帮“资方”劳动，“资方”对劳动方（称“劳方”）付出一定薪资作为报酬，这个报酬在窑老板经济效益好的时候是发货币，效益不好的时候就用烧好的成品分发给窑工抵工资。古老的铜官窑工一直都以这样的方式生存。

老东山寺戏台照片

雍起林先生说他家的老屋就在铜官东山寺上不远（学窑期间总得经过东山寺，他清晰地记得，在东山寺庙的两边墙上还刻着两个大红的印记——“民族生存”和“在此一战”，估计是抗战时期遗留下来的痕迹），随手拿起一团泥，不一会，在不经意的捏拿间一只小鸟便跃然出现在他的手中。他说我们从小便看着父辈级工匠做陶瓷人俑和动物小件，雕塑时重形重神，各种形象就在他们十指玩捏之间栩栩如生地诞生出来。他看到人俑、动物被父辈们貌似随意地点缀上釉彩后，顿显大气稚拙，又达到妙趣横生、恰到好处的效果而由此对陶产生浓厚的兴趣。但学徒却是很枯燥的事情，第一年就是和泥、踩泥、揉泥、搓泥条，这些基本功都要达到师傅的要求才能到做缸、瓶、壶，然后再到捏塑动物、人俑……就是这样在自觉或不自觉中与陶结下了一生情缘，这样的家族小作坊式的个体生产方式一直延续到20世纪50年代。

1955年3月，湘潭专署手工业管理处（当时望城县属湘潭专署领导）批准在铜官镇人民政府下设手工业管理处，具体领导手工业社会主义改造和发展生产的试点工作。1956年1月，铜官陶业实行全行业合作化，按产品的专业化，由互助组成立了大货一、二、三、四生产合作社，钵业一、二社，罐业社，缸瓦社，管业社，陶矿社等10个生产合作社。7月，经湖南省湘潭专署手工业管理处批准，成立望城县铜官陶业生产合作社联合社，这是国家行业管理的派出机构。当时年仅20岁的雍起林成了铜官陶业社大货社中的一员，开始上下工。因表现突出，深得单位领导认可，经常被评为先进分子。

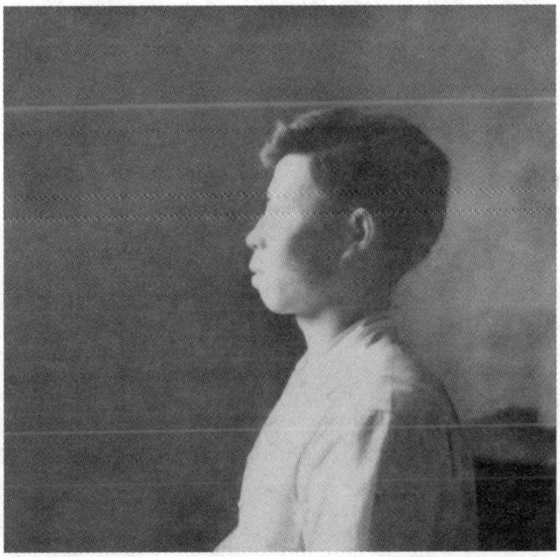

生活照

1957年深秋，雍起林光荣地申请加入治理沩河这场改造大自然、造福望城人民的浩大工程。沩水由宁乡流入长沙望城区境内后，一支经新康沱市西北蜿蜒而下，汇入古镇靖港芦江；一支则向东南而行，至木鱼洲流入烟波浩渺的团山湖中，与另一源于望宁边境诸山麓的八曲河相汇，最后经由新康高沙脊附近的老虎口注入湘江。历史上的团山湖是个天然调节洪水的湖泊，拥有万余亩湖滩，能在汛期起到缓和沩水、八曲河洪峰的特殊作用，并减轻湘江下游洪涝水害的压力。但由于经年累月泥沙淤积，湖床不断抬高，湖面萎缩，其调节洪峰的功能也渐渐衰减，且容易形成汪洋泽国，对附近百姓的生活生产造成巨大威胁。为了根治水患，望城县委通过报请上级批准，紧急动员，迅速开展了声势浩大的治沩水利工程。雍起林说，那时候能够参与支援治理沩河是件非常光荣的事情。作为先进分子、正当身强力壮的雍起林通过了组织申请并参与了治理沩河的水利工程，虽然只有短短半个月时间，这段经历却让他记忆非常深刻：吃住都在工棚，早晨从吹号开始便是紧张工作的一天，全工地热火朝天，一片大干社会主义的热潮，八小时的你追我赶，都没有一丝丝懈怠，生怕落后别人，就连身怀六甲的妻子前来探望，他都不肯放下担子陪她说上一阵话，只是深深地望上一眼打个招呼就投入到忙碌的工作中。这段日子是难忘的，雍起林先生感叹：“这是一段深刻的历史了”，等完成工作回家时大女儿已呱呱坠地，他已悄为人父了。

老厂房

1958 年 8 月，国家实施全民大炼钢铁，铜官陶业全部转为地方国营耐火材料总厂，生产耐火材料。同年成立的试验所已初具雏形，在现在铜官陶瓷一厂宿舍下面晒土坪旁的一个茅厂房，当时正值“大跃进”和人民公社化时期，受经济条件制约，工作和生活环境都非常简陋。雍起林先生被调到试验所，另外的成员还有周和生、刘子正、唐锡祥、曾四嗲、李运莲（女）等，主要从事开发设计制作新产品的工作。当年试验所承接做了一个订货陶制《和平鸽》。鸽子是和平、友谊、团结、圣洁的象征，这是试验所成立后的第一个订货，也是雍起林第一次参与的用集体智慧制作的产品，试验所全体人员全力以赴，他们从设计制作到成功烧制的高 50 厘米的八方和平鸽，后被安装在湖南烈士公园纪念塔上，纪念革命烈士用生命换来的和平，也呼唤今天的我们珍惜和平，守护和平。

自家台阶前

第二节 选派参加美术座谈会

1959年1月，望城县铜官陶业生产合作社联合社更名为地方国营铜官陶瓷总厂，下设八个分厂，一个发电厂，一个陶矿厂，一个试验所。试验所正式挂牌成立的地点就在老三厂货场刘菜园内，技术科苏干军蹲点，对美术陶瓷进行了专门的设计造型试制。为了庆祝新中国成立十周年，轻工业部和全国手工业合作总社联合举办了全国工艺美术展览会，这也是新中国成立后规模最大的一次全国性工艺美术展览。

雍起林第一次到北京

新中国成立后，铜官陶器联社按制作大缸的手艺及各方面综合评级，最高七级，全联社能评到六级以上的人屈指可数，七级只有三人，分别是刘子正、刘桃生和易正龙。这时，年仅23岁的雍起林已经是六级了。大缸学徒要从小时候就开始学，俗称“奶拍子”，也就是我们现在所说的“童子功”。古人云：“欲求木之长者，必固其根本”，从艺术创作角度说，其“根本”就是优秀的传统文化，夯实传统根基，最为笃实地固守实用原则。当时的陶瓷行业能做好大缸就为做其他陶器打好了坚实的基础。

写生照

1959 年 10 月，雍起林凭借扎实的传统陶艺根基，和爱动脑筋、聪慧灵气的个性特征，以及突出的表现，被单位推荐至陶器联社由袁洋华带队去北京参加由中国工艺美术协会 11 月 1 日在故宫午门举办的全国工艺美术展览会，展览会上展出了为庆祝新中国成立十周年精选的 3500 余件作品。这也是雍起林第一次去到向往已久的首都北京，见到了新落成的北京十大建筑、雄壮的天安门、规模恢宏的颐和园以及故宫博物院收藏的历代珍品。这次展览会，他获得的不仅仅是视野的开拓，还有心灵的净化、精神的升华，也深感“士不可以不弘毅，任重而道远”。

工笔画作品《蝶恋花》

第三节　进修中央工艺美术学院

1960 年 3 月，长沙市委市政府为了有计划地发展铜官，由市政协主席王克俭率领城建、规划等部门进行了为期三个多月的规划设计，决策“大战铜官”，企业划归长沙市一轻局管理，更名为长沙市铜官陶瓷总公司，成为长沙市国营企业。幸运之神再次降临，雍起林因表现突出，与刘耀斌、曾干希一道被推荐进中央工艺美术学院陶瓷系深造一年，当时著名的中国工艺美术家雷奎元（1959 年 11 月 10 日雷奎元为在北京故宫午门举办的全国工艺美术展览会在《人民日报》上发表题为《和人民生活息息相关的展览》的文章）为当时美院的院长，著名的工艺美术家梁任生任进修班班主任（2019 年 4 月，89 岁精神矍铄的梁任生先生再次来长沙）兼教陶瓷工艺，著名工艺美术家张汀为他们的任课老师，曹克家为国画老师。在这所令多少人神往的学府里，雍起林先生进行了绘画、陶器设计、造型、陶瓷装饰、雕塑等一整套理论体系的学习。自知文化功底差的雍起林先生非常珍惜这次机会，心无旁骛地投入到了紧张的学

1960 年，中央工艺美术学院前留影

梁任生(右)与铜官陶协秘书长苏建伟(左)

习中，这一年他如饥似渴地畅游在知识的海洋，从这里，他对于“陶是一种‘火的艺术’的艺术品”有了更深一层的理解，“比如水和土的比例，以前都是凭感觉放的，那时候才知道，23%最好。”

这一年，雍起林不仅科学系统地学习了工艺美术知识，更重要的是他的艺术视野得到了扩展，综合文化素质有了很大程度的提高。学成后的雍起林，再次回到铜官，制作的东西开始有了转变，“以前做的都是缸，做粗陶，之后就开始做陶工艺品了。”陶瓷形态的基本材料是土、水、火。只有掌握了水土糅合的可塑性、流变性，以及成型方法和烧结规律，才能促成陶艺形态的产生和演化，使陶瓷器物产生美的形式。完成学业回到单位的雍起林随着试验所辗转搬迁到了铜官老四厂一个茅草厂房内，条件依旧是非常简陋，但他从此寄情于陶瓷艺术，将自己的情感流露于陶瓷艺术之中而忘记了时光的流逝，他始终在寻找、捡拾对人生的感悟，喜怒哀乐都成了他艺术生涯中的一道道风景，成为了他创作艺术作品的情感源泉，陶瓷艺术也成为他人生的另一种表现形式。

1960 年 12 月，中央工艺美术学院前合影

1961年8月，根据中央“调整、巩固、充实、提高”八字方针，长沙市委决定对铜官陶瓷总公司的领导体制、经济性质进行调整，撤销长沙市铜官陶瓷总公司，组建“长沙县铜官陶器专业联社”，行政属长沙县手工业局（联社）领导，下设各工区恢复组建11个陶器生产合作社，各单位实行独立核算，自负盈亏。

第四节　创作新纪元——《新民学会旧址》

新民学会是1918年毛泽东在第一师范求学期间，为改造中国和世界，与蔡和森、何淑衡在长沙溁湾镇蔡和森家里成立的，但抗战期间，新民学会所在地毁于战火。1965年，湖南省轻工厅给铜官陶瓷公司下达一个任务，将“新民学会旧址”用泥塑的形式表现出来。该任务由湖南工艺美术馆艺术家李昌锷介绍认识的韶山展览馆马馆长组织，铜官陶瓷公司则委派雍起林先生参加记录新民学会旧址模型整体设计过程。当时信息很匮乏，既没有图片，也没有资料参考，更没有影像资料，只是凭

《新民学会旧址》局部

借在渫湾镇周家台子组织老干部队开座谈会上集思广益的只言片语进行创作。根据与会人员的口述：木缝屋，前面有塘、四周是坟，后面有树山，左右有菜园、水井，周围有竹篱笆等。超常的记忆力是艺术家思想和个性的摇篮，是积累艺术素材的宝库，是驰骋艺术想象的原野。雍起林凭着对历史人物的了解，举一反三，带着泥巴到省厅现场捏塑《新民学会旧址》复原立体图雏形，然后经过反复考证、修改补充，在李昌锷等专家、前辈以及领导的指导认可后上铜官传统的绿釉烧制成功。该作品现在还陈列在韶山陈列馆竹篱内，五间青瓦白屋旁边，几株香樟枝叶繁茂，叶络分明；地上石径弯弯，菜地纵横……该作品雕塑细腻，色彩丰富，山水田舍浑然一体，设计精妙，制作精细，真实、生动地再现了新民学会成立这一历史场景，开创了具有划时代意义的意识形态，创造了新的艺术表现方式。雍起林先生也因此初显身手便得到领导及同行的一致肯定。

1972 年，雍起林先生应邀重新复刻做第二个《新民学会旧址》用以展示在外宾馆（据雍起林先生回忆，外宾馆是当时专门提供给外国友人

雍起林和三女儿雍应元在韶山留影

1968 年，在上海一大会址前留影

参观的一个特色展馆，照片为雍起林与7岁的小女儿雍应元第二次去韶山）。2010年12月，雍起林先生被评为中国陶瓷艺术大师，庆典当天，韶山遗物馆负责人文霞亲自送来了当时设计制作的新民学会旧址的全景照片并在庆典会上致辞，如此巧合，雍起林先生对此感受颇多。他说："这可能注定我要与红色雕塑结缘啊！"《新民学会旧址》创作的成功让雍起林先生的实力很快就得到认可，这也是他青年时期雕塑创作生涯中成功打响的第一炮，这段创作经历使雍起林先生加深了对雕塑艺术的热爱，丰富的生活经历以及对生活敏锐的洞察力造就了他独特的审美能力以及创造性的想象力，加上日渐娴熟的艺术表现技巧，这段经历无疑也成为了他艺术道路上的催化剂。也正是这种敢为人先、勇于冲破思想观念束缚的精神，使雍起林先生在陶瓷工艺美术这块领地开创了一次次新局面，也正是这段经历让雍起林先生确立了走塑造红色题材的艺术之路。

第五节　湖南省展览馆布展

艺术是时代生活的反映，它有着鲜明的时代性和民族性。1965年，随着全国工业交通会议的召开，各行各业开始改革，改革工业生产组织是其中之一，它要求以生产建设为中心，推进"比学赶帮"运动，今后建设新厂要贯彻专业化和协作的原则。由此，中国出现了一个新的生产高潮，国民经济经过五年计划调整，重新走上了正常发展轨道。因工作需要，雍起林被调到湖南省展览馆参加防空展览、韶山灌区展览、湖南水力展览的筹备布展小组工作。"三人行，必有我师"，工作期间，雍起林结识了李立、史穆等湖南知名艺术家。不管什么年代，提升自己的途径无外乎外修和内省。生活的过程就是不断寻觅的过程，不为世俗左右、追求不止、对人物造型精益求精形成了雍起林对艺术执着追求的工作方式。在参加省展览馆布展期间，为配合忆苦思甜教育，雍起林被长沙市烈士公园调去参与模仿四川“收租院”的中国现代大型泥塑群像制作(《收租院》（今陈列于四川大邑县刘文彩庄园)，以连续情节展示地主收租全过程，集中再现了封建地主阶级对农民的残酷剥削和压迫，共塑造114个真人大小的人物)。制作工程还没完工，又因工作需要调入参与制作《毛主席活动纪念地》，与广州雕塑家刘泽棉（1937年出生于石湾的陶艺世家，1947年随父习陶，1955年进石湾美术陶瓷厂从事陶艺创作至今。广东省工艺美术家，1993年被评为中国工艺美术大师）一起创作了一个大型群雕作品。

第六节　结缘恩师张松鹤

1967年，湖南省成立毛主席塑像筹建委员会，雍起林在筹委会结缘恩师张松鹤先生，对雍起林来说这可谓是他人生的一个重大的转折点。张松鹤，生于1912年10月，广东东莞人，1930年考入广州美术专科学院，是新中国雕塑事业的奠基人之一。被授予国家突出贡献专家，享有国务院专家特殊津贴，2005年去世，享年93岁。他雕刻的毛泽东圆雕全身像被放大复制成分布全国广场的毛主席巨像；雕刻的毛主席浮雕像被雕版复制成毛主席像章等，在“文革”时期发行量达数亿枚。在塑像筹建委员会，雍起林有幸与张松鹤先生学艺一年多，因食宿同处一室，比别人更多了与张松鹤先生交流学习的机会。

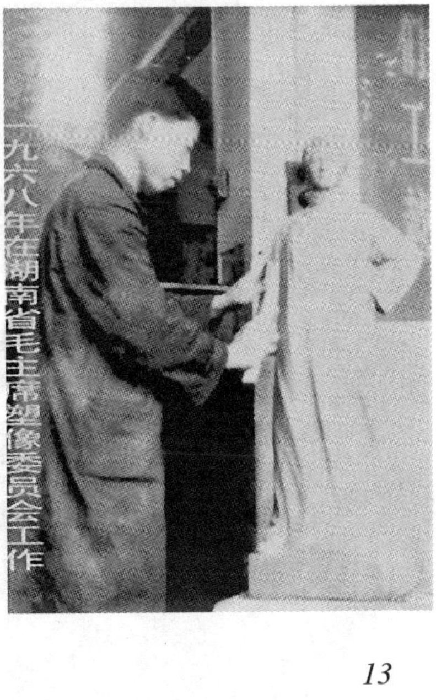

1968年，筹委会留影

当时的湖南省毛主席塑像筹建委员会成立机构设置在长沙市五一广场湘绣大楼对面的文华剧院，主创人员有张松鹤、雍起林、罗景欣（广州人）、张立人（长沙人）、张霁民（西安人）、吴树华（河南人），筹委会主任彭长庚，形式以自由创作主席塑像为主。在这之前雍起林虽然在单位工作中接触过做主席塑像，但从来没有接受过正儿八经的师傅指点，他非常珍惜这难得的机会，认真学习，虚心请教，年长雍起林24岁的张松鹤先生也常常在细节方面为他进行技艺指点。在生活中，志同道合的两人常常促膝长谈，交流陶瓷创作经验。雍起林始终牢记恩师的教诲：做主席塑像要做出主席的气魄，要做出他的情感，他的体态和面部表情都要展现一种伟人的气势。所谓神由外显，气由内发，所有能力都是实力的勃发。从给张松鹤做助手到独立完成一尊尊塑像，雍起林的雕塑技艺逐步提高，为塑造好主席青年时期的形象，他从寄卖行租来长衫，自己当模特摆好造型请人拍照，就为了做好雕塑的衣纹。

这一年，他边学边做，在人生的黄金时期，得到了名师的点拨，创作了很多不同时期各具神采的主席塑像作品，用筹委会期间所创作的作品开了两次展览会。可以说，这段工作经历给予了雍起林展示提高、修

左起：张松鹤、雍起林、罗景欣、张立人

做模特

炼自身能力的绝好机会。其中，第一次设计创作的 2 米高的毛主席挥手陶瓷塑像（这也为以后塑造 5.16 米塑像打下了扎实基础），成像被展示在湖南省文化局，受到了广泛好评。哈维尔曾说过："我们坚持一件事情，并不是因为这样做了会有效果，而是坚信，这样做是对的。"在筹委会的这段经历，雍起林受益匪浅，雕塑技艺突飞猛进，恩师的教诲现在还言犹在耳，他至今还常说："在人生的黄金时代，有缘得到名师教诲，受益终身啊!"这也为雍起林先生红色雕塑之路奠定了不变的信念，夯实了为之奋斗的基础。

第二章　第一个创作高峰期

第一节　光荣的任务

1969 年，丹桂飘香，正是铜官陶瓷生产的黄金季节。湖南省军区几位首长慕名驱车专程来到铜官，要求铜官陶瓷公司塑造一尊 5.16 米高的穿军服挥手的毛主席巨型陶瓷塑像，完成时间限在 12 月 26 日毛主席寿辰之前。塑造主席像是我国那个时代所独有的文化属性。消息传来，铜官陶瓷公司上下又喜又惊，喜的是任务无上光荣，惊的是陶瓷塑像要 5.16 米高，不仅工艺难度大，而且时间又紧，压力更大，既要有担当又要有勇气。尽管如此，怀着对伟大领袖的无限敬仰之情，铜官陶瓷公司愉快地接受了任务。时任公司党委书记的罗国华当即召开专题会议，分析各种条件，研究制作方案，通过权衡后公司领导一致拍板确定了以雍起林为首的技术小组。在全公司职工的关注下，一场史无前例的毛主席巨型陶瓷塑像的创作活动在铜官如火如荼地展开。

第二节　创作大型主席塑像

任务是接下来了，接下来进入保证作品如期按质完成的执行期。湖南省军区首长对毛主席塑像的设计要求是形象逼真、仪容整肃，身着军大衣，免冠挥手，意在表现毛主席指挥若定的风采，强化群众“毛主席挥手我前进”的革命信念。军区首长约定16天后再来审稿，这个稿，不是小样的模型稿，更不是绘制的画稿，而是一个按设计尺寸5.16米高的要求制作的陶泥实体稿，当时军区首长提供的仅仅是毛主席在天安门城楼检阅部队的几张照片。“军令如山倒”，人物陶瓷雕塑反映的不仅是社会生活和人文精神，还要达到艺术美感和人文理想的一种完美契合，33岁的雍起林接受这么重大的任务，既兴奋又担忧，如何表现主席运筹帷幄、引领时代风云的领袖气质和个性风貌，又传达出他平易近人、和蔼可亲的神情？而且所塑造的形象要考虑被当时的政治气候所允许、所需要，既要高度重视现实又要符合审美的观点、原则……。压力之下就有动力，挑灯奋战塑造好小稿之后，雍起林责无旁贷地带领技术小组以战

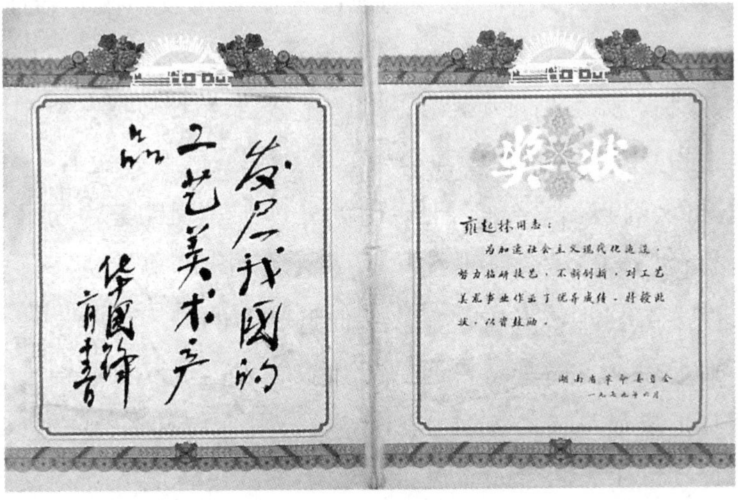

奖状

斗的姿态投入到紧张的工作当中，将公司提供的在源家湖河边一幢高 8 米、占地 400 平方米的大货棚作为工作场所；将加班加工炼制精细陶泥 10 余吨运达工作场地；将一批扎架的钢材、木材、扎丝放置好；将工棚四周安装高亮度碘钨灯等等等等，繁杂的前期准备工作就绪，雍起林带领徒弟刘泽明，助手冯炳坤、周保初、刘正均等迅速投入到了全像的制作中。这尊高达 5.16 米高的塑像也成为了雍起林艺术生涯中第一次也是唯一一次做得最高的一尊主席塑像。

塑像按主席的身高比例塑造小稿样，然后按尺寸比例放大制作，为了做到万无一失、尽善尽美，雍起林注重发挥集体的智慧，认真听取其他参与人员的意见和建议。首先，在工棚中央竖起 10 根 4 到 5 米高的杉树，扎上数十根 30 到 70 公分长的横木作为“骨架”。接着指挥人从下到上往“骨架”上堆附陶泥，按不同比例和形状，堆成近似人体的整体，再根据设计要求进行细致的艺术造型。为完成这个重大任务，雍起林的吃住都搬到了 3 层架上。为了防止晚上睡在上面摔下来，睡觉都是用绳子捆在腰上。尽管时刻提醒，当做到第 2 层架的时候还是出了一点小事故，参与制作的刘正均不小心从架上摔了下来，被送进医院治疗（这是制作过程中的一个小插曲，做好的成品一个衣角被不小心给碰落在地，那个衣角的陶泥都有 2 吨多）。经过十多天夜以继日地奋战，堆附上去的陶泥重达 16 吨。如何处理好难度大的塑像头部和那只挥在空中的手臂是两大关键，为了减轻头部的重量，雍起林先用石膏倒好做成一个球状物，然后附着好陶泥再进行雕刻，而手臂的处理则是用钢架稳固吊在厂房的檐檩位置处，这样持续紧张地工作，16 天不知不觉就过去了。当军区首长和有关专家准时前来审稿时，映入他们眼帘的是一位神采奕奕的东方巨人的逼真形象：主席身着普通军呢大衣，表情威严有震慑力，造型上伟岸大气且形象逼真，面容亲和极富感召力。主席手拿军帽，坚定自信地向前方挥动巨手，将带领意气风发的中国人民奔向共产主义理想明天的气势表现得淋漓尽致！

这就是伟大领袖的神采！

专家们仔细反复审视，认为艺术形象达到了设计要求，一致同意定稿！初稿是定下来了，但它不只是塑造成功就可以，而是干燥不开裂、收缩不变形、装窑不碰损、泥料配方合理、烧制升温的曲线合理、温度要恰当等数十道工序都完善了才算成功。按设计在质地上的要求，塑像不是泥质而是陶质，因此必须通过1200多度的高温煅烧，以期永久保存。这使工艺上碰到了两大难关，只能研究新矛盾解决新问题！而正是在处理这两大难关的过程中，才诞生出铜官陶瓷工艺史上的两道新工艺！

创作2米高主席像

第一道难关出现在翻模的过程中，因陶泥容易干燥，难以维持原状，必须先把泥像翻成石膏像。雍起林提出建议，经技术小组商讨后决定对塑像采取30公分高、13公分厚为一圈进行切割的方法，去掉陶泥像表面泥土后补上即固石膏。这样，他花了三天时间使塑像从泥稿变成了石膏稿，之后又用了七天时间在石膏稿上翻出32块石膏模型，用这模型分别成型出塑像的各个部分，开创了铜官陶业史上“以膏代泥”的新工艺。

第二道难关出现在烧制5米多高的陶瓷塑像过程中。在陶瓷行业没有也不可能有这样大能直接烧制5米多高成像的窑炉，即使筹建一座特大窑炉，也会因温差过大，很难烧制出色泽一致、收缩均匀、形状不变的产品。怎么办？只有化整为零。雍起林和他的小组成员经过反复商讨，为保证如期按质完成这项光荣而艰巨的任务，决定对5米多高的巨型塑像按上下8节分割，每节又分割为4块，最后翻模成型。这样，又创新出了铜官陶业史上第二个新工艺——巨型产品分割煅烧然后组合成型。

一切都在有条不紊的工作中进行，零散的坯件干燥后，进入最后关键的一道工序——烧成。他们选择了当时铜官最大的窑炉较稳定的五厂煅烧日用陶倒焰窑。在倒焰窑最好的中心位置上平衡地装上每块“部件”，“部件”周围用耐火砖进行保护，防止火苗直射。经过两天两晚的时间，烧成温度达到1200度，熊熊的炉火，映红着守候了两天两夜的一张张笑脸，烧制途中没出状况！经保温、冷却后，“部件”出窑了，窑从人愿！一块块“部件”完整无缺，色泽非常理想，参与制作的人员一片欢呼，一根根紧绷的弦终于松了下来，接下来就是精心包装好由水路运送至湖南省展览馆了。

第三节　创作小型主席塑像

烧制这种大型雕塑在当时是全国首例，成品启运回湖南那天的场面也是非常壮观：一艘军用快艇开道，一艘船专程运输塑像到省展览馆。到达长沙后，从码头到省展览馆，沿途都有士兵站岗守卫，所经之处家家户户鞭炮迎接，这在当时引起了不小的轰动。这是当时全国最大的毛主席陶瓷塑像。在礼炮声中，主席塑像被安放在了湖南省展览馆的正厅，开馆展览后前往瞻仰的群众络绎不绝。

雍起林与他塑的主席像

毛主席巨型陶瓷塑像塑造成功后，广大群众纷纷要求塑制毛主席小型陶瓷塑像，以便珍藏在家中。

铜官陶瓷公司党委广泛采纳群众意见，决定继续派雍起林负责设计造型，仿照大型塑像的造型，同比例缩小到30公分高，并采用注浆成型进行整体塑制后投入批量生产。之后设计制作的“毛主席去安源”的全身塑像和浮雕头像，也投入了批量生产。在两年多时间内，敬制了具有鲜明时代面貌和无以替代的精神价值的三种塑像共40多万尊，创作风格上呈现出民族化、大众化的趋势，毛主席的光辉形象进入了千家万户，现在铜官的很多家庭还保留着这些塑像。

雍起林（右一）在安源采风

非常遗憾的是，这尊5·16塑像受当时的局限竟然没有保留一点影像资料，后续多次追踪到湖南省展览馆竟也由于方方面面原因没找到一张完整的照片。然而故事并没因此结束，当时整个塑像的成本核算仅为11000元，对此，雍起林也是记忆犹新。这个数字在今天看来简直是不可思议的，但对当时家里一贫如洗的雍起林先生来说，这就是个天文数字。他说，家里条件一直都不好，成家时没房子住，他们夫妻俩带着老父亲和三个女儿一直靠租房度日。看着女儿们一天天长大，他有点着急了，不能老是这个样子过啊！完成塑像这项重大工作后的雍起林拿着加班工资350元钱向领导请了假，在铜官福兴窑上面申请了一块地，自己在租住的房子里安心设计起了新房子。因为经济条件有限，他运用艺术家的头脑，按自己的方式别具一格建造了一栋被当地人戏称为“铜官延安窑洞”的房子。他骄傲地说：我家最独特，没用一块砖、一根木材，充分利用当地的地理位置、尽最大的预算“砌”了5间房子（约100平方米）：墙是利用泥土筑起来的（土墙）；床铺做成土炕的形式。窗子怎么办呢？只听外面“筐当”一声后传来了妻子训斥大女儿的声音，“怎么这么不小心，将水缸打破了吧？”雍起林闻讯过去，看到满地的水和碎瓦片，“有了!”妻子问什么有了，“窗户”，雍起林兴奋地答道。铜官是盛产陶器的地方，他利用厂里废品大缸瓦片镶嵌四周，窗眼中间用竹子插上；只有大门用了木板，门框也是利用大缸的口沿部分拼接成拱状，制成了窑洞形式；其他门用的是简易门帘；铜官主要生产日用陶，家境稍好的都到厂里买瓦盖。自己倒几片薄薄的水泥瓦，买了稻草扎成块状，然后在上面用黄泥加水泥倒置在草块上后垫铺在顶上当盖瓦，自此，雍起林终于有了一个自己的家。日后，这个家也成为铜官一道独特的风景。

第三章　炻瓷的引进

第一节　引进炻瓷

远在唐代，铜官就有生产炻瓷的历史。据文献记载，许多国家的博物馆至今还保留着这种工艺品。可惜，随着铜官窑化为废墟，这种精美的工艺品也随着消失了。1972 年，随着中美关系开始正常化，越来越多的外国人开始认识中国，彼时的中国是一个红色的纯真年代的中国，红色中国的经济、贸易、科技、文化、金融等各方面也在与外界的交流中不断发展。

一个偶然的机会让雍正林接触到了炻瓷。那是明月高悬的晚上，因去长沙市区出差，雍起林办完事后去拜访老友，当时著名的金石书画家李立（李立，著名的金石书画家，1925 年 3 月出生于湘潭市城内裕芒花圃的一个书香世家，祖籍是株洲县堂市乡楼厦村（原属湘潭县），字石庵，号立翁，其书、印师法齐白石，为当今齐派重要传人。由于不画印稿，以刀代笔，刻削如泥，顷刻而成，故有“神刀”之美誉，2014 年 12 月 11 日在长沙逝世，享年 90 岁）。

在李立家里，雍起林遇上湖南省对外贸易公司业务员沈新文先生，

李立的篆刻

对方正拿了一套谷黄色的日本炻瓷茶具样品给李老师观赏。那套五头餐具（含10寸盘1个、8寸盘1个、甜品碗1个、杯托1套）兼备陶、瓷之长，看上去古朴有趣，李立看后赞不绝口，沈新文与他商议是找湖南省建湘瓷厂（该厂建于1954年，是我国日用陶瓷生产国有大二型企业，年生产能力3000余万件，瓷质洁白晶莹，造型美观新颖，装饰高雅富丽）生产还是去醴陵另外找工厂试制生产（醴陵盛产陶瓷、花炮，是世界釉下五彩瓷原产地、中国“国瓷”“红官窑”所在地、花炮祖师李畋故里，是“中国陶瓷历史文化名城”“中国花炮之都”之一）。出于职业敏感，一旁的雍起林坐不住了，拿过来仔细看了看肯定地说：“这就是我们那边铜官窑的青釉产品啊，这个东西我们铜官陶瓷厂就能生产，给我两个月时间我给你样品确认！”通过努力争取，在好友李立的极力推荐下，雍起林将李立家中的日本炻瓷带回铜官进行研制，这是铜官首次引进国外的新品种，铜官陶瓷公司高层领导高度重视，决定组织力量在铜官开发炻瓷拓展占领国际市场，随即成立了以何罗干、雍起林、胡淑元为主的专项研制小组，雍起林负责造型设计任务。

雍起林揽下这个任务并不是没头绪的，炻瓷大约源于公元前1400年的中国，一种大约在1270℃高温下烧成达到玻璃化（即类似玻璃，液体不能渗透）的陶瓷。它是处于陶和瓷之间的器具，炻瓷的抗冲击强度、弹性系数、莫氏硬度等高于陶器或瓷器（见 1980 年轻工业出版社出版的《陶瓷》第 427 页），炻瓷烧结后的胎体自然带色无透明性，而瓷器的胎体是半透明性，陶器的胎体不透明。

设计稿草图

雍起林在炻瓷研制小组负责造型设计，他提出可以根据铜官泥土土质进行配方改良，并重新设计了器皿的形态及器皿图案，其中采用了有着中国传统的“四君子”之一、符合东方审美标准的兰花图案，虽只有粗犷的几笔，却着重体现了炻瓷上的装饰美，兰草叶的长短、变化布局，使人们从无声的画面中感受到了音乐的旋律美，画面与炻瓷的艺术形象十分和谐、赏心悦目。

第二节　投入试制

五头餐具釉下彩绘棕色兰草花是铜官陶瓷公司在广交会上承接炻瓷的第一批订货（1957 年 4 月 25 日，首届中国出口商品交易会开幕，周恩来总理提议简称为广交会。自 2007 年春季第 101 届开始，为促进贸易平衡，广交会开始设立进口展区，正式更名为“中国进出口商品交易会”）。如何做到让客户满意、打开炻瓷的国际国内市场，是当时公司领导班子考虑的核心问题，而这个重要问题的关键又是这些彩绘兰花怎么解决。

为了完成这批订单，雍起林立下了军令状：培训七个美术绘画零基础的学徒，并承诺一个月内教他们画好兰草。雍起林为此精心设计了两款兰花草图（直式和倒悬式），兰花草图寓秀丽于简朴之中，淡雅而又刚劲，考虑到学徒素质参差不齐，雍起林花尽心思，编了一首《画兰曲》，让学徒根据《画兰曲》的旋律节奏边唱边画，寓教于乐。手画兰草口吟歌的独特画法，使学徒们较轻松地掌握了动笔快速而准确的方法。这样既减少了生产中的枯燥无味，又让他们在音乐中学习，不仅奠定了画兰的基础，还为完成第一个订单计划打下了扎实的基础。30天后七个学徒人均每天已能画出400个盘子，熟练后增加到800多个。第一批订单的顺利拿下，雍起林功不可没，而《画兰曲》想必这七个学徒也已经刻骨铭心了。

1995年与李立合影

附：《画兰曲》

1=C 4/4

$5\ 4\ 5\ -\ |\ \dot{1}\ -\ -\ -\ |\ 3\ 2\ 1\ -\ |\ \underset{\cdot}{5}\ -\ \underset{\cdot}{5}\ -\ |\ \underset{\cdot}{5}\ 1\ 2\ \underline{3\ 3}\ |$

$1\ 2\ 3\ \underline{5\ 5}\ |\ 1\ -\ -\ -\ \|$

与陶、瓷一样，炻瓷能够真正投入批量生产的一大难关是烧制。因为炻瓷是采用氧化焰烧成，所以它的釉下颜色及釉面本身的颜色比瓷器要丰富。对于如何控制好烧成温度，雍起林总结前人的经验，精心设计了一套完整的方案，使产品既具有东方艺术的气韵，又有现代工艺风采，且造型古朴大方，装饰艺术独特。

在全体试制人员的集体智慧和努力下，经过两年多时间的研制，讳莫如深的炻瓷终于获得成功。1975年，在精陶工区批量投产，当年出口

铜官炻瓷

炻瓷“五头餐具”50余万件。炻瓷是介于陶与瓷之间的陶瓷产品，它具有不含铅、耐高温、耐酸、强度高等特点，炻瓷的融入使铜官实现了“泥巴加煤炭换回外汇”的梦想，并成为首家打入美国市场的陶瓷工厂，为铜官陶瓷史上增添了新的一页。炻瓷从1975年起成为近30年来铜官的主导品种，特别是酒瓶类，当时与20多家酒厂签订了供货合同，一时成为铜官的创举。炻瓷产品之后远销美国、澳大利亚、加拿大以及东南亚国家，以独树一帜的风貌汇入世界工艺美术之林，千年古镇铜官的陶瓷产业由此进入了一个新的时代。其中，雍起林设计的《西汉古酒瓶》获得湖南省轻工业厅新品种一等奖，在铜官陶瓷史上具有里程碑意义。

1977年潇湘电影制片厂来到铜官，历时3个月，拍成科教片《铜官炻器》并在全国发行，让陶都铜官声名鹊起，雍起林先生从此也成为铜官炻瓷的创始人。

第三节 复色彩

复色彩是铜官陶瓷总公司20世纪70年代末装饰炻器的新品种、新材料，也是铜官陶瓷总公司发展创新的产物。当时正值改革开放初期，也是铜官炻器发展的鼎盛时期，其发展前景非常可观。铜官陶瓷行业上上下下呈现出一派欣欣向荣的景象，铜官陶瓷总公司所辖研究所内更是人才辈出，造型设计制作更是呈现出百花齐放的态势，得到不少的荣誉和奖章，复色彩就是其中一颗璀璨的明珠。

复色彩属于重复上釉的厚釉装饰，先上一层底釉，然后再施以彩釉(彩釉勾画)，高温烧制时彩釉相互熔融，呈现出不规则的花斑，格外靓丽醒目。根据复色彩的性能特色，雍起林先生作为核心，与研究所泥釉专家李子文、湖南省美术界专家学者萧慧祥、戚光凡等共同合作，成功设计制作了复色釉唐俑挂盘。该挂盘构图别致典雅，色彩相互熔融，画面呈现多影变幻，花斑鲜艳，或对比强烈，或柔美相兼，是铜官美术工艺陶瓷中不可多见的珍品。该作品当时被香港大公报刊登报道后，得到了社会各界的广泛关注与高度好评。高端的色彩能提升作品的情感、艺术乃至人文层面的价值，也倡导出一种新的艺术理念。

复色彩《唐俑》

复色彩唐俑挂盘设计成功的经验积累，更加激发了雍起林先生的设计热情与灵感，他将黑里透红艺术釉与复色彩相结合，用全新的设计理念制作了《鹏程万里》雄鹰挂盘：苍劲的雄鹰，雪灰色中夹有杂色斑纹的复色彩，色彩交织熔融，流动效果自然，展翅高飞的雄鹰栩栩如生，寓意着铜官陶瓷如同这高飞的雄鹰在蓝天自由翱翔。之后他设计的炻瓷餐具“16头”“20头”打开并抢占了美国市场；大块面“樱花”等一批花面也深受消费者喜爱，确立了铜官炻瓷在中国陶瓷中的主导地位。

第四章　第二个创作高峰期

第一节　创作《我们的榜样——雷锋》

陶既是土的艺术，也是火的艺术，更是人生的艺术。1978 年，这一时期的雕塑创作在材质、风格、美学、文化等方面呈现出多元繁荣的局面。同年在湖南省陶瓷协会展出了铜官美术陶，出自雍起林先生之手的工艺品如栩栩如生的《武松打虎》、飘飘欲仙的《太白醉酒》以及《我们的榜样——雷锋》等作品，受到人们广泛称赞，也改变了人们心中“铜官只能生产实用陶”的观念。

雍起林先生擅长工笔，《我们的榜样——雷锋》是他 1976 年画的白描，雷锋牺牲时仅 22 岁，比雷锋大 4 岁的雍起林深受雷锋精神的影响而创作了这件作品，画面表现为一个师傅对着转台（一种做雕塑的工具）上的雷锋塑像，声情并茂地在向围在塑像四周的人们讲述雷锋的事迹，画面人物各具形态，或认真倾听，或不解提问，表情丰富生动，《我们的榜样——雷锋》虽说只是一个草稿，却为随后创作的《雷锋》系列塑像埋下了伏笔。

1977 年，雍起林先生参与协助铜官炻瓷一厂转产炻瓷后（详见第三章：引进炻瓷）重新回到了研究所，继续他的设计创作工作，第一个作品便是《雷锋》。

雷锋是望城人，自1963年3月5日《中国青年》杂志首先刊登了毛泽东主席“向雷锋同志学习”的题词后，全国上下掀起了一轮又一轮宣传、学习雷锋精神的热潮，这已成为当今中国特有的社会现象。深受感染的雍起林对收集起来的雷锋资料进行了深入细致的研究，包括对雷锋所在连队，他所处的兵种等，他塑造出来的《雷锋》系列塑像之一(1977年创作的雷锋小半身像，规格：长19厘米、宽11厘米、高26厘米)：头戴棉帽，棉帽上镶嵌着红五星徽章，庄重而威武，中间英俊的脸上显出坚毅和果敢，衣领的汽车兵领章精致清晰，展示了军人的风采。

《雷锋》系列塑像之二：《我们学习的榜样——雷锋》（2014年创作，规格：长40厘米、宽30厘米、高108厘米)：一身戎装的雷锋，凝视远方，人物传神，目光如炬，英姿飒爽。一个平凡而又高尚的战士形象真实持久地站立在我们面前，作品有很明显的时代气息。

《雷锋》系列塑像之三：大半身塑像《雷锋》（2015年陶塑《雷锋》，规格：长80厘米、宽40厘米、高93厘米)。2015年初春，已近八旬的雍起林先生应当地一家公司邀请再次为雷锋塑像，一团团的陶土糅合着老先生对雷锋的情感，塑造出一个血肉丰满的雷锋形象。弘扬雷锋精神已然五十多个春秋，雷锋精神已经成为永远的精神丰碑，《雷锋》始终是“我们的榜样”。

第二节 创作《昭陵六骏》

民间雕塑题材广泛，凡世俗生活、神话传说、戏曲故事，以及具有吉祥喜庆寓意的飞禽走兽等都可以用自己的方式自由创作。雍起林先生的每一件作品都代表着一个时期的社会文化特征，都是来自生活的激情表达。他创作的作品融合了很多的人文与空间因素，使得陶瓷艺术更具内涵。其中，《昭陵六骏》准确地表现了风化石的自然美，该作品获得陶瓷行业一等奖。

创作《昭陵六骏》的灵感来自湖南省陶瓷美术协会当年组织去西安的一次参观学习，漫步于碑石林立的大型石雕群，惟妙惟肖的乾陵文物三绝之唐三彩偶俑、墓道两侧的唐墓壁画和石椁线刻画，以及昭陵六骏都深深吸引着雍起林先生。秦代陶俑以其完美的艺术形式，生动逼真的神态，深刻揭示了各种人物的内心世界，不仅表明了雕塑艺术现实主义传统的久远和中国古代制陶水平之高，还为世人展示了中华民族深沉雄浑的民族风格。可最使先生流连忘返还是昭陵六骏——陕西礼泉县唐太宗李世民陵墓昭陵北面祭坛东西两侧的六块骏马青石浮雕石刻。六骏是李世民在唐朝建立前先后骑过的战马，分别名为“拳毛䯄（guā）”“什（shí）伐赤”“白蹄乌”“特勒骠（biāo）”“青骓（zhuī）”和“飒（sà）露紫”。马是人类的朋友，也是古代国家的重要资源。这六块骏马青石石刻浮雕造型优美，雕刻线条流畅，刀工精细、圆润，是珍贵的古代石刻艺术珍品。要临摹制作好这个作品，该怎么办呢？雍起林先生的家境并不宽裕，辗转借来一台 135 黑白相机，一卷胶卷可以拍 30 多张照片，冲洗放大在那个年代也是价格不菲，一套下来，成本够全家吃半个月。但这是值得的，雍起林先生拿着这些冲洗出来的照片，加上图书馆的书籍资料，利用当地风化石（由各种碎石聚合而成，色彩相

参观西安乾陵（后排左二为雍起林）

杂，沟纹纵横）的吸收性特性设计制作了一套《昭陵六骏》并完整地保存了下来。

第三节　大型传统绿釉陶古狮

中华民族在长期的历史进程中形成了民族特性反映到陶艺上并产生了独特的民族风格，这种民族风格以其特有的工艺技术和艺术形式，显示了它自己的风貌。这既是中华民族智慧的结晶，又具有东方文化的风骨。绿釉古狮和绿釉大花瓶是雍起林先生 20 世纪 60 年代末 70 年代初创作的浪漫主义与现实主义相结合的产物。

在湖南省展览馆陶瓷馆大门前屹立着一对雄健的绿釉古狮，公狮母狮各具形态，戏球的造型，憨笑的神态，洋溢着欢乐的喜庆之情，这就是雍起林先生 1965 年设计并塑造、在铜官陶瓷六厂烧制成功的 2 米高的《大型传统绿釉陶古狮》；而设计制作的一对 2.5 米高的供人观赏的艺术品绿釉大花瓶（花面是推花鲤鱼跃龙门，寓意着铜官陶业工人在党的领导下奋发图强，开拓进取，作品具有不变形、不褪色、无毒、健康、环保的特色，外形造型美观大气，保存留念时间长，欣赏价值极高），则陈列在原铜官陶瓷总公司办公大楼内。

雍起林与陈列在原铜官陶瓷总公司的绿釉花瓶

在我国，狮子是一种被赋予了神奇力量的灵兽，也是古代权威的象征，相传不但能辟邪，还能带来

雍起林在制作陶狮

祥瑞之气，在民间有这样的说法：“摸摸狮头，万事不愁。”而绿釉古狮是铜官的传统艺术陶瓷品种之一，采用铜官的传统技艺手法捏塑成型，它与威武的北方陶狮，玲珑的岭南陶狮相比，风格上自成一派，但在感觉上，显得神态呆板，缺乏表情，耳朵上的线条不灵动，整体刚健之气不足。勤而思，思而学。为了改变这种艺术造型，雍起林先生坚守着这样一条原则：必须在创新的基础上保持铜官陶狮的传统特色。它虽没有北方陶狮的威武，但庄重；它虽没有岭南陶狮的灵秀，但又是那么的朴实，这就是它独具一格的特色。

为塑造好铜官古狮，雍起林先生多次在春节期间到各地，细心观察玩龙舞狮的欢乐场景和民间舞狮的动态造型，甚至多次到湖南省杂技团观摩舞狮表演。他大胆吸取狮舞动作，把传统古狮的头部扭转45度角，由正视改为侧视，这样使狮子变得灵动；同时把眉弓和眼眶的距离加长，嘴角微微向上提起，古狮憨厚的笑容便露出来了；眼鼻的起伏线条稍微加强使之与大耳朵的线条相呼应，突出表现发达的肌肉，把飘带加强，动感的表现又符合形体的需要。右边雄狮用右爪戏弄绣球，象征权威，雌狮用左爪戏弄小狮，象征代代相传。通过对现实生活的体察和对生命情感的感知，将捕捉到的最典型、最生动的瞬间进行提炼和升华，经过修改的铜官绿陶古狮，形象生动，活泼可爱，既保护了传统特色，又增添了刚健雄奇之气，洋溢着欢乐的喜庆之情，成为深受海内外人士青睐的具有中国民族风格的艺术品。在这个基础上，雍起林先生又塑造出静中显动、柔里带刚的“双狮戏球”和形态各异的“六狮戏球”。

生活照

第四节　七十年代的印记

“古为今用”，只有植根于现实生活，善于学习，善于融会贯通，才能真正做到古今中外为我所用。艺术陶塑，不能只讲“形似”，还讲求“神似”，千多年前唐代长沙窑的老艺人们在这方面就很有功夫，他们的艺术陶塑，虽然只有简单几笔，但传神写照，惟妙惟肖。这是雍起林先生在不断探索创新艺术陶瓷时得出的经验，他的雕塑源于生活而又超越生活。20 世纪 70 年代，除了绿釉大花瓶、古狮系列，雍起林先生还创作出了不少的工艺美术作品，如铁拐李、太白醉酒、武松打虎、张飞，以及仿古系列，利用铜官传统堆花、括花方式制作的花坛花钵等。

1979 年 6 月，雍起林先生在堆塑《铁拐李》的时候，如果硬搬人体解剖比例，强调立七、坐五、蹲三的法则就失去了个性，只有把他的头适当夸大，突出他的前兀和眉弓，才能突显他怪僻的性格，在人物刻画上才能传神。雍起林先生摆脱了对客观事物的照抄和模仿，他用夸张的形与色充分自由地表达出自己对人物形象的理解和感受，塑造了很多民众喜闻乐见的形象，展现了民间智慧的创造力。这个时期的代表作中的陶塑作品《杜甫》在湖南省首届雕塑品作品展览会上展出时，就入选刊登在《湖南日报》1983 年第 11 期上。

当年的雍起林先生风华正茂，创作激情势如潮涌。铜官陶器上的括花、堆花、推花等都是古陶器独特的装饰手法：括花——在陶坯上括泥成花；堆花——在陶坯上用手指堆泥成花；推花——在陶坯上利用拇指推出各种花形。无论括花、堆花还是推花，如果运用恰当，都能演变成一种绝美的工艺品。

例如陶器括花工具是一把竹刀，看起来十分简陋，但只要运用得体，技法娴熟，往往能妙趣横生，妙“刀”生花。雍起林的括花工具都是自己亲自动手制作，他随手拿起了一块括刀，说：“你别小瞧这小小的竹片，自己根据需要动手做的在使用的时候更为得心应手。”他比画着，用刀面括出树干和大块的叶面。为了括出树叶的脉络和娇嫩的花朵，则可

1979 年，雍起林为好友
马国栋先生根雕集景出版而作

雍起林在美术陶厂设计室

以用刀尖；运用竹片的不同部位，通过用力的大小、吃泥的深浅，行刀的流畅、顿挫等不同的刀法，就可以刻画或刚或柔、或粗犷、或细腻的画面来。传统括花手法随意性较强，线条流畅，雍起林先生是铜官陶瓷行业传统的括花传人，手法熟练，这种带有传统特色的独特工艺，往往能起到画龙点睛的效果，从而使产品更具丰富的文化内涵及艺术性。

用竹刀括花

雍起林先生还说起了推花：如何运用泥料相镶的力度、厚度，根据陶器形体大小，坯胎厚薄，以及现代色泥、色釉的特点，以手为笔，以泥为墨，运用手指的中锋、侧锋、前锋、逆锋，既要大胆尝试，又要相互借鉴，或厚重，或飘逸，从简单花卉到飞禽走兽，把图画构图布局的原理、写意的手法运用在陶器上。他轻松地说，“我创作松梅在画画时，就是运用国画中‘密不可穿针，疏可以跑马’的处理手法，把松梅主技堆放在画面的一角，再向另一边一角延伸出一两个分枝，把花叶集中在树干旁，这样就形成了密而不死板、疏而不稀落的布局，达到疏密相融、错落有致、相得益彰的艺术效果。”也就是在这些看似不经意间，一首诗、半阕词、一支歌、数段曲殇沾满襟都成就了他的作品。

周轻鼎先生与研究所人员合影
(右起一排第四周轻鼎，二排第五雍起林)

而雍起林先生在塑造人物性格和处理表情时，则是用另外一种表现手法，比如，他雕塑的张飞的形象则是吸收戏剧脸谱艺术的表现手法：张飞的纵眉肌缩紧，两只眼珠是他用夸张的手法嵌上两点泥珠做的，鼻孔夸大微微往上翻。这样凸起的眼睛，上翻而粗短的鼻子，一下将张飞暴躁粗犷的性格生动地凸显了出来。

他精心设计的咖啡器具则以西方流行的黑褐色为主，配以中国古典纹样作装饰，显得古香古色，深受国内外陶艺爱好者的青睐。雍起林先生这个时期的表现手法朴素，直抒胸臆、无拘无束，融诸家而别开生面，呈现铜官陶瓷艺术发展的一种新气象。其作品中长沙市一轻局委托雍起林先生设计制作的50厘米高玫红色的双狮头花瓶作为湖南特殊成就奖奖品授予湘绣传人杨应修，湖南省文联李昌鄂、贺元起等人。

1979年8月，湖南省美术家协会领导介绍擅长动物雕塑的浙江美术学院雕塑系主任（后改任民间美术系主任）周轻鼎来铜官陶瓷研究所进行创作体验2个多月（周轻鼎，1896年4月1日—1984年11月12日，湖南省安仁县人，现代雕塑家，我国动物瓷雕的奠基者。24岁考入上海美术专科学校，后东渡日本留学，继而前往法国勤工俭学，先在巴黎高等美术学院雕塑系罗丹的学生让·布舍门下学习雕塑，再到里昂专门学习动物雕塑，并在法国学习、生活、工作达15年)，雍起林先生虚心向周轻鼎教授学习如何用写意画手法做写实的雕塑作品。写意是中国艺术自由的追求、自主的选择、自觉的需要、自然的流露、自洽的表现和自信的基础。雍起林先生取其之长补己之短，把具有时代时尚的审美和传统陶瓷雕塑艺术结合在一起，让一团团的泥土糅合着对自然的认知，对生活的思考，对民族精神的感悟，创作了一系列的陶瓷塑像及陶艺作品《变形猫》《仿青铜羊》《创》等，打造出一种神似与形似之间的精妙平衡，向世人叙述着一个古老民族的诗性追求。

右二周轻鼎，右三刘子正，右四雍起林

第五节 美术陶厂创佳绩

雍起林先生对陶瓷雕塑的制作、泥釉料及工艺过程都进行了认真系统的实践与探索，尤其在陶瓷雕塑的理论与设计上造诣很深，曾获省市多种奖项。20世纪80年代初一个炎热的夏天，同在铜官陶瓷研究所的同事李子文、谭异超吃完晚饭来雍起林先生河边住处乘凉，当看到满山遍野的“铁丝无名字”红土（即后来的蠕虫状红土）时，雍起林先生提议对江南的“江南红壤”即“蠕虫状红土”进行研发，充分利用本地资源来开发挖掘新型原料配制。经过不懈的努力，本地俗称“铁丝无名土”这一低质原料被引入陶瓷坯料中用于生产精细炻瓷。这一提议受到湖南省各级领导的高度重视，1980 年被列入国家科委重点科研项目，经过试验后取得成功。从此这种在铜官当地遍地皆是的低质原料被广泛应用于陶瓷坯料中，泥料的颗粒细度达到一定比例，能增强泥料的可塑性，解决了原料紧缺以及色泽单一的难题。同年，按铜官陶瓷总公司的整体规划，铜官陶瓷总公司研究所调出一半技术力量到美术陶厂参与铁炻器的研制，安排谭异超、李子文负责铁炻器的研制，雍起林先生则被调往铜官陶瓷总公司下属美术陶厂担任技术副厂长。

陶塑《创》

当年的美术陶厂只有十多栋茅草厂房，生产日用类小百货。转产得先兴建厂房，虽有总公司下拨的经费作为前期投入，但要从小货窑全面转型定产却是个非常具体、复杂的事情，一边是外商催要货，另一边则是关系到职工的切身利益问题。

为此，铜官陶瓷总公司派出工作组协调，组织厂级领导开会商议如何权衡、如何顺利转产，雍起林先生在会议上提出快刀斩乱麻。最后，开会商议的结果是转产的重担落到雍起林先生身上，他表态三天内转产！由日用粗陶转流水线生产要在三天内完成转产是件非常困难的事，按一般估算，这个过程稍微拖拉一下就是好几个月。雍起林先生发挥湖南人霸得蛮的精神果断决策，当即召集工人开动员会，先派一部分人去兄弟厂学习流水线操作；然后再针对转产的问题，按会议商议的计划日期为准，截至计划日做完的日用陶全部按实结算现金，结算之后成坯全权由厂部处置，概不需要职工负责。然后从事小货窑生产一线的职工除开去兄弟单位学习流水线操作外全部放假休息三天，这三天休息结算工资，第四天开始全面生产炻瓷。

美术陶厂带学徒

（左三为雍起林二女儿雍映培）

与职工清算工资、处理好已经结算金额的半成品后，雍起林开始在车间准备流水线的正常生产工作，这三天时间，雍起林没日没夜地投入

老美术陶厂厂房前

到转产的工作中，由于事情太多时间太紧，经常忘记回家吃饭，就是这个过程中出现了一个令他们家至今难忘的小插曲。当时七十年代的铜官陶瓷随着社会主义经济体制的发展，作为专业技术人员的雍起林优先分到一套一工区（现铜官陶瓷炻瓷一厂）职工宿舍楼三楼两居室，经济状况有所改善。而且家里有一个贤内助，往往到饭点没看见他回便叫二女儿雍映培带去厂里给他吃，这一次也是如此。雍映培挎着个竹篮，篮子里面放着给父亲送的饭菜便出了门，走了没多远遇上邻居曾木匠骑着自行车上班，家居炻瓷一厂走路到美术陶厂将近半个小时的路程，为了使父亲能够吃上一口热饭，从未搭坐过自行车的雍映培坐上了曾木匠的自行车后面，经过一半路程的时候雍映培考虑坐车需要包很远的路，便想抄近路便在当地三岔路口下岭处没等曾木匠带刹车便跳车，这下酿成大祸，不知道跳车有惯性的雍映培给摔出老远，当场摔掉了两个门牙，顿时血流满身，脸上到处擦出了血，马上就红肿了起来，给父亲送的饭菜全部给倒翻在地上。吓得曾木匠赶紧叫人，闻讯赶来的姐姐雍映红晕血，看到妹妹那样子立马晕了过去，这下现场更乱了，七手八脚将俩姊妹同时送进了医院，从那以后雍映培破了相，一直配了两个假门牙。雍起林现在还说，妹子（雍映培）现在这个样子都是他的责任。也就是他这样的工作态度使美术陶厂在预定的时间内顺利地由小货窑全面转产炻瓷。

在美术陶厂担任技术副厂长期间，雍起林先生被评为湖南省优秀包装工作和优秀包装产品设计者，设计制作的“油盐缸”获轻工业部三等奖。

第六节 创作大型浮雕《陶鹰》和《屈原石》

1985 年 9 月，雍起林先生被抽调回原单位铜官陶瓷研究所。1986 年，研究所接到湖南省轻工业厅下达的任务：制作大型浮雕《雄鹰》，由雍起林、刘坤庭、刘锡武、谭异超、周大宏（副所长）5 人组成项目组进行器型设计。通过小件决策，翻模印制，经过两个多月的努力，烧制后的成品陶雕《雄鹰》长约 1.9 米。1987 年，雍起林、谭异超以及雍起林先生的弟子潘子款将陶雕《雄鹰》送至北京安装陈列在人民大会堂湖南厅。

雍起林（左）、谭异超（右）与《雄鹰》合影

1986 年五月初五，研究所外的湘江上传来节奏很快的锣鼓声，一声声吆喝伴随着整齐划一的摇桨声以及岸边人此起彼伏的加油声惊动了正在工作的雍起林，他起身去看看这热闹的场面：又是每一年的五月初五端午节，纪念伟大爱国诗人屈原的日子！

雍起林在创作陶塑作品《指点江山》

铜官周边有龙舟近十多艘，在 20 世纪 70 年代末，铜官陶瓷总公司下属单位均有龙舟，合计 11 艘，对河的靖港镇、格塘乡、新康乡偶尔也派出一两艘龙舟参与每年在端午节期间横渡湘江的竞赛。这项活动在 20 世纪 80 年代达到鼎盛，盛况空前，虽然竞赛既没有奖杯也没有奖金，但节日气氛却十分浓烈。雍起林先生看到这热闹的场面被触发了灵感，打算从历史人物和民间传说中表现民族精神，纪念屈原“怀石沉江”的忠魂浩气，便即兴创作了《屈原石》系列，作品包括《离骚》《远游》《招魂》《天问》等。再现屈原的忠魂，展现了一代文人忧国忧民的伟大胸襟，而作品运用陶瓷新工艺“留空填色”的技巧，恰如老子所说“恍兮惚兮，其中有象”中一种言有尽而意无穷的意境而形成自然天趣的陈设艺术品，保留着“吾将上下而求索”的慷慨气概，用屈原的爱国主义担当来体现中华民族自强不息的力量，借以表达对爱国诗人屈原探索和追求真理的敬佩之情以及自己对于艺术的不懈追求。

1990 年，为长沙市劳动东路小学塑造的城市雕塑

第七节　设计《陶城公园》

1987 年正月，雍起林先生说，他做梦都想不到，冥冥中自己竟然当了一回演员：一个机缘巧合他在宋庆龄基金会组拍的电视剧《爸爸不及格》中出演一个做面塑的老艺人。当时的拍摄单位潇湘电影制片厂找到雍起林先生所在单位领导为他办理了借调手续，他随剧组前往广西南宁，

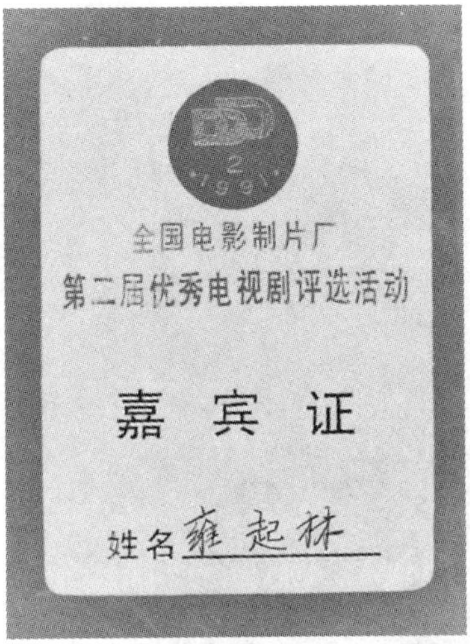

嘉宾证

进行了两个月的拍摄（潇湘电影制片厂让雍起林先生过了一把演员瘾只可惜当时没留下任何的影像资料）。

拍摄任务完成后，正是鼎盛时期的铜官陶瓷总公司策划将总公司办公大楼前面的大货场打造成一个陶城公园（现在的陶城广场），受铜官陶瓷总公司周新民书记委托，雍起林先生为设计塑造《陶城公园》专程到北京参观了颐和园等系列的园林建筑，回厂后设计了《陶城公园》雏型图纸：面对总公司大楼的是集陶瓷文化、故事传说、书法绘画、游览于一体，既有观赏价值又传播了陶瓷艺术的文化墙。这个理念在当时可以说是非常有超前意识，主题采用“铜官元素”、主题突出“铜官特色”，牌匾是用陶制作，长廊顶全部使用铜官陶瓷六厂最传统的绿釉瓦，以绿釉古狮装饰，地形设计为多层次绿化，周围是文化长廊（栏杆采用原机械厂生铁铸造燕子穿柳），中间一景观雕塑《永恒的历史》、一座高 5 米的假石山（天坛式样）喷泉。按设计稿捏塑雏型出来后，铜官陶瓷总公司在俱乐部召开了职工代表大会进行研讨，雍起林先生带着捏塑的《陶城公园》雏型，在大会上讲解设计意图及发展趋势，得到与会人员的一致赞同与认可。1992 年，因企业的财力影响已无法达到预期效果，将项目转让给铜

雍起林与他设计的《陶城公园》

官镇政府继续打造，演变成了后来的陶城市场（也就是现在铜官陶瓷复兴计划的产物——陶城文化广场）。

老公司前坪合影

第五章　出国授艺

第一节　出援突尼斯

第一次出援突尼斯因受岳父金友生的影响。1987 年 9 月，轻工业部选派专家团队 6 人出国援助突尼斯，雍起林先生便是其中之一。这一去，代表的是铜官的陶瓷艺术在那片异域之地又开花结果。突尼斯，位于非洲大陆最北端，是世界上少数几个集中了海滩、沙漠、山林和古文明的国家之一，是悠久文明和多元文化的融合之地，地处地中海地区的中央，拥有长达 1300 公里的海岸线。雍起林先生说突尼斯用的泥土是法国的，贴花纸是英国的，窑炉是德国的，石膏是日本的，而设计则是中国的。

一天，雍起林先生跟平日一样，指导学徒做事之后自己正用手工全神贯注地进行一个 2 米高的大花瓶的制作，捏、塑、堆、括，技法娴熟老辣，泥料相镶的力度、厚度拿捏得恰到好处，指尖上的艺术表现得淋漓尽致，精湛的技法使前来参观的西德人员惊叹不已："这就是中国的传统手工艺术！"后来，他们还私下对突尼斯人说：在西德，像这样大型的陶瓷只能用模具才能做出来，全手工工艺制作简直不可思议。

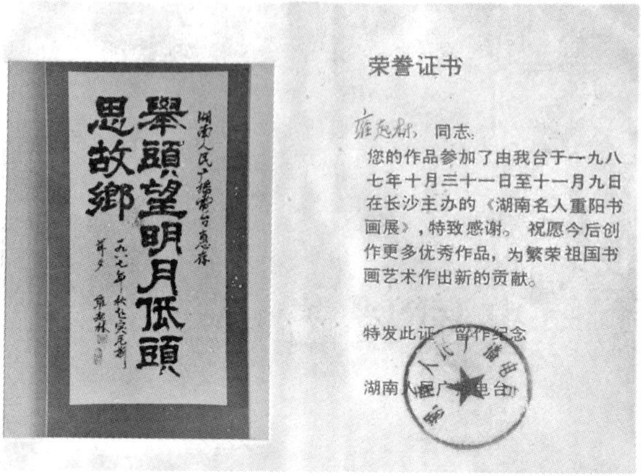

出国前参与湖南人民广播电台
应征书法作品证书

1988 年 6 月 27 日的
《突尼斯新闻报》

北非突尼斯有着永不凋谢的沙漠玫瑰之美誉。沙漠玫瑰是突尼斯的一个奇观，相传在浩瀚的戈壁沙漠里，有一种生长了千万年的石头，它是一种植物的结晶体产物，这种植物伞形花序三五成丛，灿烂似锦，四季开花不断，如果其中一株死亡，另一株也不再开花，并且慢慢枯萎……无数年后它们的躯体与沙子结晶成一种奇特的花朵，没有生命但永不凋谢，这就是成为象征恒久爱情的“沙漠玫瑰”。雍起林先生是个善于长期积累的人，他很注重自我丰富，遇到一个触发点时，他的创作灵

突尼斯工作照

感就会突然降临。这种天地间昂扬着的美又促成了这样一个契合点，成了雍起林先生创作的灵感源泉，他被这迷人的传说深深吸引，在异域他乡用当地的白瓷泥创作出了这神奇的《沙漠玫瑰》，以沙漠地域特性的符号来呈现和表达对岁月过往、悠久历史的文化纵深感。之后雍起林先生随专家团到意大利、梵蒂冈、德国等考察传艺，共历时两年零三个月，因为语言不通，手势交流不便，他在感受突尼斯民俗风情的同时学习当地语言，以求达到更好的传教效果。（上图中的大花瓶，还有12件套餐具等）就是在突尼斯设计生产出来的作品。

第二节　回国后的《湘情》

1988年，雍起林先生被推选为政协长沙市第六届委员会委员。1989年年底，雍起林先生受当时铜官陶瓷总公司总经理罗平章邀请，回国回原单位从事造型设计，这期间创作的作品中，《湘情》无疑是较为满意的作品之一。

艺术家的灵感来源于生活和历史，只有通过实践来发现生活中的艺术美感，并借助物质性的陶土等把艺术思维凝聚在言有尽而意无穷的陶瓷作品之中，才能带给人一种真实的艺术美感。其实每个人对生活都有一个不同的切入点，只要是一个善于思考、善于观察、懂得观察的人，都能从生活的细节中得到收获。人们看了，自会惊讶于它的独特和细致。

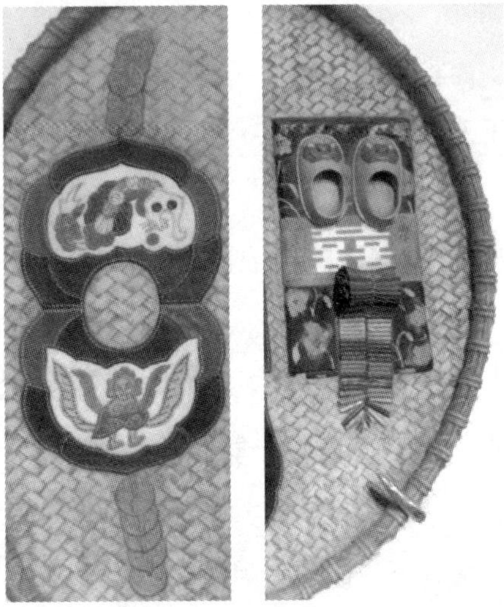

陶艺《湘情》局部

《湘情》就是这样一个独特的作品，它以民间普通的“百家布”为题材，以代表民间吉祥风俗的福、禄、寿、喜为内容，采用竹篾编织的一个直径 71 厘米的篮盘作盘身，要将少数民族添丁之喜的服饰（鞋、帽、衣服、围兜、鞭子、铜钱等）用陶泥很精细地表现出来，这是常人难以做到的。但功夫不负有心人，经过一个多月精心打造，通过最佳的工艺制作、合理的装烧，作品完美出窑。……布的毛绒、铜钱的斑驳、篾织的精细、缝制的针眼，其工艺制作非常巧妙，色泥搭配惟妙惟肖，处处体现出真正的艺术品源于用心打磨的纯粹。

这幅构思独具匠心、工艺精妙绝伦、新颖且极具韵味的作品，表现手法可以和超写实主义作品媲美。一个精致的陶艺作品和做雕塑一样，做加法不难，做减法也不难，难的是做了加减法之后让人感到作品非常之有内涵，做到这一点也应该就是一个很好的作品了。雍起林先生用自己独特的灵感和方法诠释着他的作品，这种指尖上的灵动是最有温度，也是最感人的。这些生发于本的、内心的艺术刻画虽然是生活的方方面面，表达的却是让观众可以领略到的呼之欲出的生命跃动，有着深刻内涵的激情符号以及震撼人心的艺术魅力。后来，《湘情》送北京参展，受到轻工业部孟慧芳专家和中央工艺美术学院杨永善教授等十个评委的高度赞扬，得到十个完美的满分。

第三节　制作工艺钟

时间追溯到 1983 年 9 月 25 日，中华人民共和国原副主席王震（王震，1908 年 4 月 11 日—1993 年 3 月 12 日，湖南浏阳人。1924 年参加工作，1927 年加入共青团，同年转入中国共产党。1929 年参加中国工农红军，上将军衔。曾任中共中央政治局委员、国务院副总理、中共中央军委委员、中央军委常委、中共中央党校校长、中华人民共和国副主席等职。1944 年曾率一二〇师三五九旅在铜官横渡湘江）通过湖南省政府办公厅通知，要铜官陶瓷公司派员上京向他汇报近期铜官陶瓷的生产发展情况。王震在北京接见了铜官陶瓷公司党委书记周新民，听取汇报后作出指示：一是要大力发展新产品、新釉色；二是要占领国内市场，打入国际市场；三是要保护好陶土资源等。同时将英国首相赠给他的一面电子钟转赠给铜官，勉励广大职工争分夺秒，努力开创社会主义新事业。他对周书记说："过去打仗是创业，现在建国也是创业，是创社会主义之业，你们要把陶瓷生产搞好。"时隔一月，王震又将日本长野县知事吉村午良先生送给他的一面挂钟，托湖南省委原书记毛致用送到铜官陶瓷研究所。寓意在于：铜官陶瓷也要像这面时钟一样，体现出高水平，期待铜官陶瓷总公司早日研制出新颖别致的高档产品供应市场。这面钟形同橱盒，色似黄金，系机动与电动相结合的新型结构，既朴实又高雅。

工艺钟

1985 年，铜官陶瓷研究所迎来两个东北的客户文启后、文启代，俩兄弟带来几个闹钟机芯，要求安装在陶工艺品上。研究所所长王宽众将这个任务交给了雍起林先生。时间是抽象的，无影无形，只能依托于物质显现。雍起林先生接受任务后苦思冥想："时不可及，日不可留"，反复思考后决定用中国古老的篆刻书法来表现"残石烂泥之道""不是奇趣不落印"，并将"铜官"和"陶"的"海上生明月，天涯共此时"作为时间烙印定格在"中国工艺钟"上，启迪人们在感叹时光匆匆的同时，享受传递着中华独特书法魅力以及铜官古老的陶韵之美，成品古朴大方，艺术感极强，深受客户喜欢，并因此签下了一批订单。

第四节　出援柬埔寨

1993年正月，已58岁的雍起林先生被湖南省轻工厅选派作为湖南省陶瓷专家组成员再次出援柬埔寨，这是他参与的第二次出援国外，专家组的成员还有李子洋、谢伏祥、刘必魁、刘正均、邹振伟、邹术文等共七人，邹术文为组长，雍起林为副组长，目的是出国传授陶瓷技艺，指导现场生产工作。柬埔寨1993年刚进入和平与发展的新时期，西哈努克重坐王位。柬埔寨的国教是佛教，柬埔寨的吴歌窟是世界文化遗产，是世界上最大的庙宇，也是世界上最早的高棉式建筑。雍起林先生被这美丽和震慑人心的历史古迹所深深震撼：古老的建筑、精致的浮雕、神秘的传说等，一切都使他流连忘返。在佛教的王国，他深感佛性无处不在，唯有践行佛性，放下贪、嗔、痴之心，把生活、工作当成是修身砝码，才能从中得到快乐与智慧。雍起林先生透过吴哥窟窥探到了柬埔寨的沧桑变迁，丰沛的灵感使他在柬埔寨创作了不少作品，其中有用浮雕再现的方式创作的1.8米长的浮雕《吴哥窟》。他凭着自己的感受将《吴哥窟》的古朴沧桑浓缩在仅1.8米长的作品中。作品受到当地人的喜爱，并因

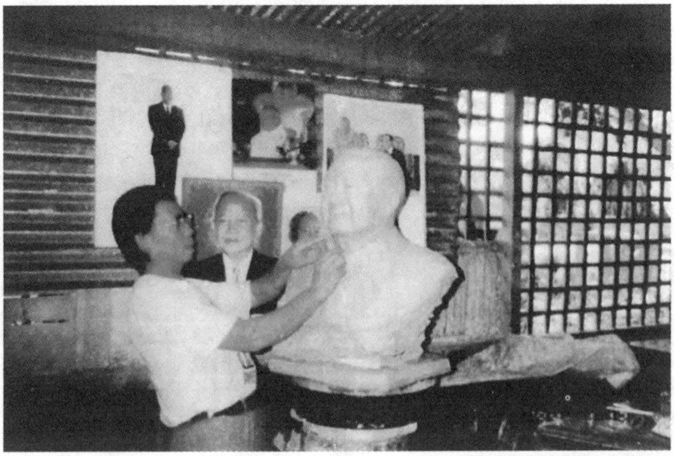

1994年于柬埔寨为西哈努克塑像

此接收到了批量订单，为当地的旅游业发展增加了经济收入。工作之余雍起林先生还为西哈努克亲王塑像（塑像留在当地，引导了不少柬埔寨年轻人学习雕塑艺术的兴趣），之后一行人辗转泰国、越南等地考察、传授陶瓷技艺，为第三世界国家培养技术人才，为增加中国与周边国家的友谊尽了自己的一份力量。

雍起林与他创作的《吴哥窟》

第六章　第三个创作高峰期

鲁迅先生曾说：“只有民族的,才是世界的。”雍起林先生在国外传经送宝、弘扬中华民族艺术的同时，不断观摩、领略所在国家的民族习俗和艺术魅力，并从其作品中吸纳艺术养分，用以拓宽自己的艺术视野，但拳拳之心更是专注、钟情、崇尚我们中华民族古老的传统文化艺术。只可惜自 1994 年以后铜官陶瓷总公司在市场经济洪流的冲击下，企业生产步入低谷，下属各工厂相继停产，工人下岗，铜官陶瓷总公司也进行了改制，旗下众多企业引入民营机制。

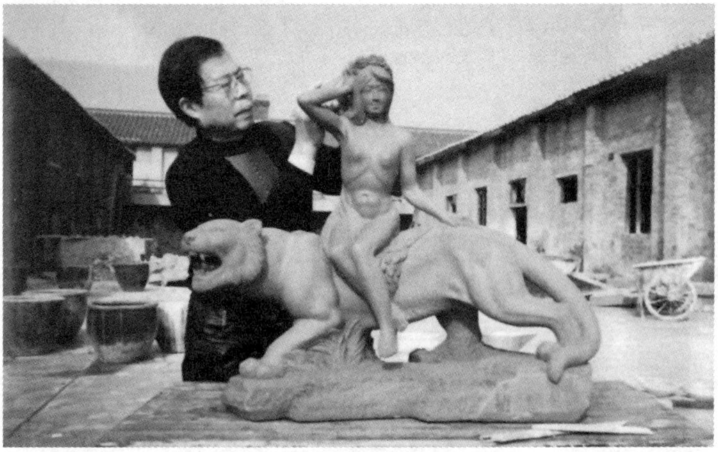

雍起林在创作雕塑作品《山鬼》

1996年，已经退休的雍起林先生受聘到湖南海旭实业集团担任技术总顾问（湖南海旭实业集团于1999年由原湖南陶瓷总公司供销公司职工陈海军先生创办，也是现在铜官唯一生产出口炻瓷的民营企业。企业以严格的管理制度、优良的产品质量、优美的工作环境而独领风骚，成为长沙市“小巨人”企业）。艺术向来就是仁者见仁，智者见智，作品表达的是作者的情感和内心的思维方式，并通过打破规矩来得到呈现。在海旭实业集团这段时期，技艺已炉火纯青的雍起林先生如鱼得水，进入了创作的另一个小高峰：《主席坐像》《江山如此多娇（2米主席像）》《鱼缸》《铜官一绝》《历史的车轮》《大型绿釉古狮》《屈原诗意·山鬼》以及大型龙王《煨缸》《唐代铜官窑地形图》《十二生肖》《香炉》《铜官窑残片》《碎片系列》等一大批作品相继问世，并从此开始利用业余时间另辟蹊径，开启了塑造伟人塑像之路。

1996年，为湖南旺旺食品厂包装分厂所创作的《城市雕塑》

第一节 《唐代铜官窑地形图》

始于初唐的长沙铜官窑，距今已有1000多年的历史，是与浙江越窑、河北邢窑齐名的中国唐代三大出口瓷窑之一、世界釉下多彩陶瓷发源地，是我国“海上陶瓷之路”的发源地。自古以来，铜官窑器皿都引领着“诗”“文”“画”修饰陶瓷的艺术传统。它把中国传统的书法、绘画、雕塑、诗词、谚语等融入陶瓷艺术之中，使之丰富多彩，以造型

铜官窑旧址前

美观、装饰雅致、釉色匀润、工艺多样、题材丰富而闻名于世，是中国“陶瓷史上的里程碑”。

雍起林先生从小在石渚湖畔长大，虽不能游戏于唐代的天地自然间，可智者乐水，滚滚湘江水给了少年雍起林不少灵气，葱郁的树林给他勃勃生机，鱼虫花鸟赐予了他美的熏陶……长辈在长沙窑器物上绘的许多图纹，都是雍起林先生所熟悉且亲眼得见的。

雍起林先生作为政协长沙市第六、第七届委员会委员，曾在第七届长沙市政协会议中提交了《建议潇湘电影制片厂设计制作一部电视连续剧——〈陶瓷之路〉》的提案，引起了各级领导的重视，后续召开了保护、开发和利用铜官窑遗址的专题会议，明确提出要提高认识，加强宣传和促进铜官窑遗址的综合开发，重点以大手笔、高起点、立足长远的思想做好铜官窑遗址的保护、利用、开发和规划工作，规划拍摄反映铜官窑遗址历史文化内涵的专题片，编制铜官窑遗址的宣传画册，并充分利用长沙市在海外发行的报刊，对铜官窑遗址进行广泛宣传。可以说，这份提案为进一步保护铜官窑遗址起到了很好的促进作用。

雍起林先生于 2007 年 6 月被长沙铜官窑遗址管理处聘为长沙铜官窑仿古产品研究制作技术顾问。他本人也一直被铜官窑独树一帜的模印贴花、诗词和谚语的装饰风格深深吸引。艺术的规律要求艺术家具有独特的艺术视角和审美方式，这种方式也成就了雍起林先生对陶瓷雕塑艺术创作中的独特性。他是第一个以铜官长沙窑为题材，创作出了歌颂古今

雍起林与他制作的陶艺《铜官窑残片》

铜官陶瓷人的不畏艰难、精益求精、执着开拓精神的作品《唐代铜官窑地形图》。为再现唐代铜官窑的繁华，他花了三个多月时间构思设计创作出 4 米长（规格：4m×0.9m×0.4m）、有 200 多个各具形态的陶塑人物形象的《唐代铜官窑地形图》，呈现出古老铜官窑一片祥和的景象：湘江河畔几条渔船静静地停靠在河边，有“渔翁夜傍西岩宿，晓汲清湘燃楚竹。烟销日出不见人，欸乃一声山水绿”的味道，岸上却是一片繁忙的劳作

《唐代铜官窑地形图》局部

景象，两条龙窑依山而卧，林立的厂房，辛勤劳作的工人展示着制作陶艺的过程，有运料的、有在制陶的、有在装窑烧成的……好一幅有山有水、有人有房、有厂有窑的水墨画！作品运用散点式传统方法构图，一静一动，和谐优美，而且人物形象生动，布局井然，承载着深厚的文化渊源、浓郁的地域情怀，艺术地再现了盛唐的商业文明，有专家评价该作品是“当代陶塑的清明上河图”。

雍起林和他创作的《唐代铜官窑地形图》

这正表现了雍起林先生为“望今制奇”从题材上的突破创新，在深入传统、夯实传统雕塑语言的基础上，开拓新法，将表现当代生活和吸吮雕塑的营养一并融入传统中，演变成一种属于自己的雕塑语言，表达出一种对岁月过往、悠久历史的文化纵深体现，具有强烈的史学文化审美意义，能感受其承载的民族记忆和文化内涵。有商家愿出数十万元购买，雍起林先生不为所动，他说他要把作品作为文化的传承，留给家乡！

第二节　创作中国第一缸

我国是典型的农业大国，在新中国成立初期，农家盛粮盛水及生产作坊用缸的需求量相当大。在雍起林先生的眼中，捏塑大缸是铜官独有的传统工艺，大缸是铜官陶瓷传统工艺的符号。铜官的陶质水缸千余年来都作容器用，具有永恒和稳定的储存水的实用功能。从它的历史遗迹上看，器形制作技艺的处理手法并没有超过祖先，似乎缺少饰美意趣，仅是体量比例特别，这一点差不多成了它的全部视觉语言。

雍起林和他制作的煨缸

2003 年，在湖南海旭实业集团当技术顾问的雍起林先生接到一个订单，一位浙江客户需要做一个大型艺术煨缸作陈列用。如何按客户的基本要求，突破提升其使用价值，将这朴素的造型升华为附加值高的艺术陶？

当时海旭的艺术陶瓷生产场地是租赁在铜官陶瓷总公司附属厂铜官陶瓷三厂内，而三厂是铜官独有制作大缸技术的厂家，三厂日用陶瓷缸类制作规模和质量相当出色，而烧成是当时铜官仅存的隧道窑。

敢于接受挑战的雍起林先生从当时的实际情况出发构想设计，考虑到隧道窑可以烧制的最大直径后开始设计定稿：椭圆形缸体高 2.2 米、最大直径 1.9 米；顶设计成太阳火纹圆顶盖，正面是古色古香的春游图，缸腹浅浮雕长袖曼舞的唐女，背面是山水画，两侧飞龙昂首，气势不凡，龙钮兽脚，大气美观。从设计到制作再到烧制面临着一个又一个的挑战。单纯的制作工艺就颇为复杂，因为是纯手工捏坯成型，要考虑从塑造到成型坯干燥有 10%的收缩，首先必须要把握好原料的软硬(含水量 26%左右)，2 米多高的煨缸缸身只能分步骤一圈圈地捏塑成型。有着扎实大缸制作基础的雍起林先生只能捏塑好一部分然后等捏好的那部分稍均衡干燥后再一圈圈接着往上捏，避免发生垮塌，而且泥料的配制及软硬程度要合理，特别是制作悬挂在煨缸两边的各一条百多斤重的游龙，一半附着缸体，一半悬离缸外，节奏、力度全在创作者手中，技艺掌握不当就会开裂变形，要经过千锤百炼，对耐心、细心都是极大考验，稍不小心便会前功尽弃。雍起林先生说，缸面上的那些图案、纹饰等，花费了自己不少心思。他凭借娴熟的手上功夫，让泥的可塑性在自己手中发挥到了极致，这种手工捏塑成型是机械化无可比拟的，此缸突破了陶瓷制作工艺的许多瓶颈，创下了当时的世界之最，誉称“中国第一缸”，比同行缸类容量大出 4 倍以上，需要 8 个壮汉才能抬起，成功烧制好出窑的那天，数家媒体争相采访报道。所谓人成就陶，陶亦成就人就是如此吧！

第三节　陶塑群雕《唤起工农千百万》

雍起林先生是一个知识广博的艺术家，他收集了很多有关毛泽东主席的文物以及书籍，他说：“平时看的最多的就是毛主席的书了，无论什么时候什么地方只要是看到与毛主席相关的资料都会想方设法买回来小心翼翼地珍藏。”用雍起林先生的话说，“毛主席成了他最熟悉的人”，以至毛泽东主席的很多诗词都熟记于心，吟诵时不落半个差池。2007 年，雍起林先生虽还没有自己的工作室却已名声在外，山东省德州市陈建昌私人博物馆馆主陈建昌就慕名找到雍起林先生，希望他能做一个群雕收藏。雍起林先生以之前在清水塘展览馆参观时看过的一个表现工人运动的群雕记忆为原型，将毛主席的词《渔家傲·反第一次大“围剿”》的基调融入自己的创作理念，设计了一个初稿，取名为红色群雕《唤起工农千百万》。《渔家傲·反第一次大“围剿”》一词中记载了在第一次反“围剿”中有决定意义的第一仗——龙冈战役，它是一曲鼓舞军心民心的凯歌。雍起林先生创作这个主题场景就是借用“唤起工农千百万，同心干”来表达军民同心，众志成城的信心与豪情，在最艰苦的岁月看到遥远的胜利的曙光（在笔者看来这仿佛是一种预示，这中间承载着雍起林先生对自己艺术生涯的展望）。

设计稿做好之后因为自己没地方做，也没地方烧制，经过权衡，雍起林先生带着设计稿找到了当时刚从广东打工回来创业的刘坤庭（刘坤庭，1963 年出生，国家级非物质文化遗产代表性项目长沙窑铜官陶瓷技艺传承人），并借用刘坤庭的风水宝地制作了长 2.08 米的大型群雕《唤起工农千百万》，现在作品还收藏在陈建昌的私人博物馆里。合作成功后的两人一见如故，之后，雍起林先生又赠送了一个组合系列雕塑《革命伴侣——毛泽东主席和杨开慧》、一个《毛泽东在井冈山》塑像给陈建昌。

雍起林和他制作的群雕《唤起工农千百万》

第四节 《铜官一绝》和《历史的车轮》的诞生

木心先生说：艺术家的身世不必直说，艺术品中会透露出来，欣赏者不必了解艺术家的传记，却能从作品中看出他是怎样一个人。雍起林先生一生可谓跌宕起伏，丰富曲折的生活积累和切身感受是他创作的源泉，会激发出创作冲动，从而构思和创作出内涵深刻、感人至深的艺术作品。而优秀的艺术家将许多瞬间变成永恒，并凝聚于艺术之中，《铜官一绝》和《历史的车轮》就是雍起林先生将瞬间变成永恒的代表作品，这两个作品承载着铜官陶瓷历史发展的生命轨迹，人物形象生动，艺术含量高，有很高的欣赏价值、历史价值与收藏价值。

《铜官一绝》收藏证书

拉坯和捏坯是铜官两种古老的制陶方式。铜官古老的拉坯方式看似平常，实则凝聚着陶匠先人们智慧与力量的结晶，他们利用力学中的惯性和离心力以及几何学中同心圆的原理，在选好的地方挖上一个直径 1 米左右的大圆坑，中间立一根直径 10 厘米左右大的尖木桩，套上陶环的拱顶，再用烧制好的酒杯盖住，上面再加泥土做成一个直径约 60 厘米、厚 20 厘米的近百斤重的土盘（盘上留下 10 厘米大小的圆孔）,用搅车棍套在圆孔里拨动转盘，按力量的大小，转盘随之转动，就这样在转动的几十秒钟之内，一团泥就由一个熟练的陶工在提拉间演变成了一只杯子、一只碗、一个罐子……。雍起林先生就这样从常人不在意的事情中提炼出创作素材，加上自己的情感升华和人生感悟，创作了具有强烈、深刻视觉感觉和艺术感受力的“永恒的创造”——这滚滚的《历史的车轮》，从唐代到当下，转出了一条条闪闪发光的传统文化之路，也转出了一首首对铜官陶瓷匠人勤劳、勇敢、勇于冲破思想观念束缚的赞歌。

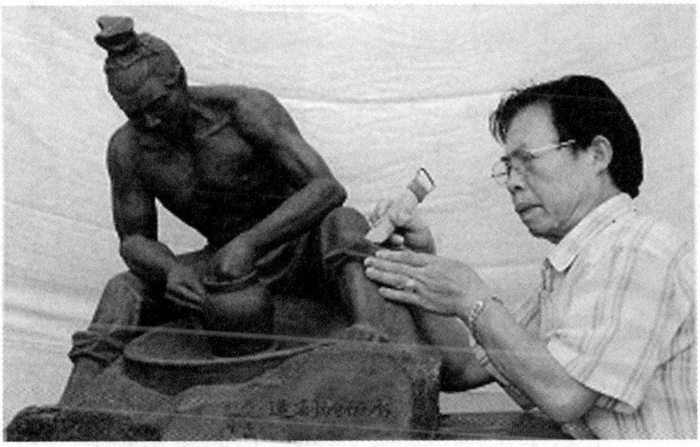

雍起林和他创作的《历史的车轮》

铜官传统的捏坯方法萌于晚唐，成熟于宋、元，广泛应用于缸类等大器型产品的成型。雍起林先生回忆道：“就像磨豆腐一样，人围着工作台转，把泥巴一点点垒起来。”最初的陶器制作方式是手工捏塑成型，人们用“捏塑”的方法做出一些单纯的小器物。随着经验的积累，制陶成型的技法慢慢地多了，直到20世纪90年代，这种古老的捏塑方式就只有素有大缸王国之称的铜官陶瓷总公司下属铜官陶瓷三厂在用了。

从20世纪90年代末经济体制改革后到现在，大缸的制作方式已经濒临失传，这种传统的制作方式现在铜官会的已经为数不多了，年轻的一代几乎都不用这种方式操作，手工缸虽然退出了历史舞台，但手工缸的历史功绩是不可磨灭的，而雍起林先生觉得传统手工缸的制作方式很有必要保留下来，因此将它取名为《铜官一绝》：铜官古老的缸类在制作时先按不同规格做好缸底，称为“底心”，当底心干到一定程度的时候，用一根直径 5~8 厘米、长 30~50 厘米的泥条挽在手臂，一手捏泥条在内侧，一手掌压泥条在外侧，两手合压，从左向右，一步步后移，按逆时钟方向将压扁的泥条均匀地向上堆接，直到缸体达到所需要的高度和形状为止。熟练的陶工捏成的坯体，直径高矮基本符合规格，陶工们不用尺量，只用手肘和手指长度一摆，就凭经验定下尺寸，叫“一肘搭一指”或叫“一挟搭四指”，做出成批的缸基本都能是一个尺寸，这种传统的捏坯成型方式至今还令人叹为观止（雍起林先生 2003 年就是用此方式制作出了“中国第一缸”）。

制作《铜官一绝》

“一方水土养一方人”，一个最佳的创作状态是艺术家将他的智慧与灵性发挥到极致。雍起林先生酝酿了很长一段时间，为了能留下这两种铜官古老的制陶方法，他彻夜难眠，正如中国古代绘画大师顾恺之提出的“以形写神”，他想要用自己最擅长的泥塑来表现这两种铜官古老的制陶方式，他要用发自内心的情感来创作，给冰冷的泥巴赋予生命，披衣起床边画草稿边做小样，《铜官一绝》小样就这样诞生了：它展现的是捏坯过程。工作台上，一口正在制作的陶缸前高后低，一名健硕的陶工上身前倾，右手捏着熟泥，贴着缸的内壁移动，左手则在缸外，一点点定形。随着手的移动，缸外留下一排指印，衣纹、筋骨、肌肉的塑造都处理得恰到好处。传统的捏塑技术已逐渐被现代化机械操作所取代而即将失传，这为后人留下历史绝活的永恒记忆。

《铜官一绝》和《历史的车轮》中的拉胚和捏胚，尽管这两道工序都是他从小熟悉的场景，小件完成还顺利，但用泥塑大件的形式表现传承铜官绝世陶艺却有很大的难度，尤其是烧成的难度更大，很难烧出一件令人满意的成品。将这两种普通的工作方式用陶塑手法创作出想象丰富、独特、新颖的作品，雍起林先生从设计造型到烧制花费了五个多月时间才完成，他用现代的雕塑手法来表现这两种传统的陶瓷古老制作技艺，用自己的方式来表现对传统陶瓷文化的热爱，这也是对保护和传承祖先留下的宝贵遗产发自内心的呼吁。

第七章　最年长的创业者

习近平总书记 2013 年 8 月 19 日在全国宣传思想工作会议上指出："独特的文化传统，独特的历史命运，独特的国情，注定了中国必然走适合自己特点的发展道路。我们走出了这样一条道路，并且取得了成功。"

河边工作室

不同的社会历史时期，就有持不同艺术思想与观念、具有不同艺术自醒感悟力和艺术创造力的艺术家。雕塑生涯对于雍起林先生来说不仅仅是一种单纯的自给自足，也是一种内在的修为道路，这也成了他乐在其中的创作缘由。对创作毛泽东主席塑像的初衷，雍起林先生感受非常深，特殊的生活经历和生活背景，让他对主席有着很深的感情，而经历新、旧两个社会，更让他深爱着这片土地。雍起林先生是一个很重细节的艺术家，他通过对艺术创作方向与表达方式的不断校正以及人文素养的不断积累与提高，结合自身的生活、节奏、审美，慢慢地形成了自己特有的风格，他的雕塑作品也成为他情感表现的艺术形式，从偶然开始的个性特色到最终形成稳定、成熟、独特的精神内涵，他的创作风格也经过了一个漫长的探索与演化过程，这个过程反反复复，需要不停淘汰和更新自己的积累。他说："我一直想着要创造一些作品来表达自己对祖国的情感，对毛泽东主席的情感，而用陶瓷塑像的形式来塑造是我能想到的，是自己力所能及的，也是自己认为最有意义的表达方式。"雍起林先生怀着一颗虔诚的心，做着自己想做的事。

2011年8月13日，在钓鱼台国宾馆举行的中国陶瓷艺术大师颁奖典礼上，雍起林先生（左）与清华大学美术学院陶瓷艺术系教授张守智先生（右）合影

第一节 一个创意成就最年长的创业者

社会快速发展，艺术家们往往具有一定的职业敏感性、前瞻性。艺

雍起林和他的注册商标

术家被人赏识是幸运的，但即便无人赏识，也要恪守追求艺术的初衷。雍起林先生说：意识到自己的价值所在，是源于自己的一个创意赚了6000元。那是一个盛夏的晚上，还在铜官陶瓷研究所工作的雍起林先生的一个朋友带来几个外地人，朋友介绍说这几个人已经跑了几个地方了，想找人设计一款独一无二的装酒容器，每个容器只能装2两酒，但好几家工厂设计的都不如意，刚巧遇上雍起林先生的朋友，于是给带了过来。听完客人的介绍，“老设计师”雍起林先生思量：这个酒瓶的设计重点要放在做好防伪标志上。心里有了底，答复对方第二天交样。雍起林先生连夜在工作室加班，倒出一个长方体石膏模，干后敲断成九个不同横截面，在敲断的每一节相同的一面雕刻一条不同款式的小龙，反面对接在一起便形成一条长龙。这个“独一无二”的酒瓶设计创意让晚上还心存疑虑的客人非常满意，并当场掏出6000元作为报酬。这个故事雍起林先生记忆非常深刻。就是这样出于对陶瓷艺术无限的热爱，凭着自身拥有的优势，2009年1月，雍起林先生不顾家人反对，义无反顾地成立了雍起林红色陶艺工作室，确定了走红色雕塑的路线，启用“雍起林”作为自己的品牌，“只争朝夕”作为自己的座右铭，以传播红色文化，弘扬陶瓷文化，构建和谐中国为主题，开启了自己的创业之路。无疑，他的选择是对的，这也为他的艺术生涯开辟了一片新天地。

“因为年岁偏大，固然难以获得家人的支持，七十多岁本应该享天伦之乐，却还创业也是奇事，因此怪不得家人反对。”对此雍起林先生依然记忆犹新。人的一生中，编写不同的程序就会进入不同的世界、不同的生命轨道。创业需要长期的脚踏实地而不仅是靠瞬间翩然而至的灵感，创业之路是艰苦的，没地方，租下原陶瓷公司下属一科室闲置的办公屋，湘江边上的一间几十平米的小房间做工作室；工作室刚刚成立的时候，工作室只有创办者一个人。一位大师级别的工匠就如同一位得道高僧，是一位虔诚的修行者，在工作中修炼自己的灵魂，完善着自己的人格。他的自信来源于大半辈子的苦练，以及敢为人先的精神，这使得雍起林先生的艺术魅力兼容并蓄，在他“ 艺海无涯智作舟”的作品中，无论是气势恢宏的园林雕塑或者装饰艺术陶瓷，还是惟妙惟肖的人物造型，他都匠心独具，将浪漫主义和现实主义相结合，工意兼得、形神结合，工艺已至炉火纯青，陶瓷艺术已是表现得淋漓尽致。

雍起林先生常说：“做人要知足，而做学问不可知足。”有人说，艺术家形成自己的风格是一个艰难的过程，必须要经过长期的艺术实践，不但要反复尝试，不断总结经验教训，而且对生命、哲理要有深刻的认识，才能达成目标，从而做出新的探索和新的思考。因为总想着如何塑造好毛主席的塑像：既要体现毛主席革命者的豪情、领袖的风范，又要使这种诗人的浪漫和才情都通过陶塑的方式很到位地表现出来，要做的只有对毛主席进行深入了解。于是，毛主席的著作、照片、影像、书法、诗词等，不管经济如何拮据，雍起林先生看到就会想方设法买回家收藏。用他自己的话说，毛主席成了他最熟悉的人，主席每个阶段的举止和神韵都烙在他脑海里。为了用雕塑的形式来表达心中的这份情感、传递红色文化艺术，雍起林先生常常废寝忘食，某些闪过的灵感让他兴奋很久。他就是这样在坚持艺术品格之真，坚持做人做学问之真的同时，不断拓宽深化自己的艺术领域，他的作品中展现的不仅是主席的才情、胸怀，更是一种在天地之间的气魄！

雍起林陶艺园外观

陈列室内

就这样在积累了一批可供借鉴的珍贵资料的同时，雍起林先生也逐渐形成了自己的风格，成功塑造了毛主席各个时期的塑像。他凭着“只争朝夕”的座右铭、凭着自己精湛的手艺，用心打造每一件精美的作品，他被国内同行赞誉为毛泽东主席塑像形神兼备高水准的人、被新闻媒体敬称为红色雕塑家，他的作品被国内广大红色收藏家所追捧。

有了口碑能芳香四溢，有了内涵能源远流长。雍起林先生的作品吸引了各地的收藏爱好者纷纷购买。渐渐地积累了些资金后，他租下了隔壁的民宅，将工作室扩充到了现在的一千多平方米，并于 2011 年 10 月正式挂牌成立了长沙市望城区铜官窑雍起林陶艺园。这时候的雍起林先生已经 75 岁了，但他精力充沛，仍以诚挚的创作激情、扎实的基本功力、娴熟的艺术技巧、深厚的艺术修养，创作了一系列毛泽东主席及其他历史名人的塑像及浮雕作品，无论是年轻时期主席的飒爽英姿、长征时期主席的气势磅礴，还是老年时期主席的慈祥成熟……每个阶段的眼神、表情、姿势，甚至包括衣服上的一道折痕都印在了他的脑海中，并能用巧妙的方式和艺术手法彰显老一辈无产阶级革命家的伟人风范。因此，这也让他养成了一个特殊的习惯，那就是国庆那天升完国旗然后雷打不动在工作室创作着毛主席的塑像……其中，病愈后创作的《长征途中——毛泽东》《女书传人阳焕宜》《雷锋》《秋收起义》系列以及《心中的太阳》等塑像尤为突出。

雍起林工作室

雍起林先生在接受记者采访

第二节　病榻上完成的作品

如果说“古人学问无遗力，少壮工夫老始成”是对雍起林先生艺术生涯的诠释，而“纸上得来终觉浅，绝知此事要躬行”则是他一贯奉行的原则。《长征途中——毛泽东》是2014年底在病榻中完成创作的。这是长征时期的毛泽东主席塑像，雕像人物身穿军大衣，双手叉腰，眉头微锁，神态凝重。当年的主席带领着红军历经了无数次考验，却依然坚守着自己的信念。一个好的作品要具有极强的表现力和艺术感染力，只有通过对形的刻画来表现主席那种特有的精神气质以及性格特征，那种超越于形的神韵都表现得恰到好处。年近八旬的雍起林先生因连续的夙兴夜寐而感冒引发哮喘，在坚持完成这个作品后在家人的劝说下才住进了医院。

2015年3月，《长征途中——毛泽东》在轻工联合会、陶瓷工业协会举办的中国陶瓷艺术大展暨第十届全国陶瓷艺术设计创新评比中获得银奖；2016年，在由中国收藏家协会、湖南省文化厅、长沙市人民政府、长沙舜天文化传播有限公司联合举办的中国收藏产业凤羽奖评比中获银质奖。

雍起林先生为创作《长征途中——毛泽东》而拍衣纹模特照

2015年对雍起林先生来说是多事的一年：病未痊愈，相濡以沫的老伴的去世又给了他一个沉重的打击。他在三女儿雍应元为其母亲所创作的塑像上题诗：“岁月难忘追魂期，全家尽孝不夜天。顽强感动

雍起林先生与夫人

雍起林先生的三女儿雍应元为母亲所塑作品《追魂的岁月》

阎王笔，枯树重扬白头年。”

艺术对人类灵魂的滋养言不尽道不完，只有静静创作时，或者静静欣赏时，才能真切地感受到，也只有艺术能让人的灵魂在瞬间产生震撼的同时变得如此高雅！如果说人生是个大舞台，雍起林就将工作岗位当成自己的舞台，演绎了一场场内涵丰富的故事。乔布斯曾说：“工作将占据你生命中相当大的一部分，从事你认为具有非凡意义的工作，方能给你带来真正的满足感。而从事一份伟大工作的唯一方法，就是去热爱这份工作。”对雕塑艺术的这份执着、这种“精神”，在支撑着雍起林先生。

一个偶然的机会他接触到了女书，他被那种优美而独特的文字所打动。被称为“女书活化石”、江永唯一自然传人的阳焕宜不懂方块汉字，不受汉字的干扰，所以她的作品成为人们了解“女书”原生态的重要渠道。《女书传人阳焕宜》是雍起林先生艺术生涯中为数不多的女性作品之一。

他用一个八旬老人的睿智，全身心投入到女书传人的创作之中。作品的精、气、神是决定作品能否打动人的关键，无论是形态的创作还是

雍起林为中国女书
唯一传人特作

雍起林先生和他创作的
女书传人陶塑作品

材料的选取都倾注着艺术家的情感、思想和心血，让生命的痕迹自然而然地做一个记录和表达。《女书传人阳焕宜》将一个内心安适的老人慈祥、开朗、宠辱不惊的神态细致入微地刻画出来，该作品完成后被中国陶瓷协会在首都博物馆举办的中国陶瓷艺术成就展选中，最后无偿捐赠给江永县阳焕宜故居供后人瞻仰。

第三节　研发紫铜色陶瓷艺术釉

雍起林陶艺园成立后恰逢长沙市望城区 2015 年启动铜官陶瓷产业复兴计划，在铜官陶瓷产业发展势头的强劲推动下，雍起林先生接到一个民间收藏家的“私人定制”——定制一批湖南历史名人塑像。面对这一批“私人定制”，考虑到作为收藏家应该会更注重收藏名家的复古作品。经过深思熟虑，雍起林先生决定与时俱进，开创一个“艺术”实验，研制一种古香古色的陶瓷艺术釉，他希望既能在创新作品内涵的同时提升外观品质，又能不断创造市场价值和文化价值。雍起林先生在创作时不断尝试使用新的材料，并希望能挖掘出材料的自身特性，展示新的价值。

有些意想不到总和敏锐性密切相关，善于捕捉和发现是获得灵感的基本能力，艺术家实验的目的不只是去简单地记录它和再现它，而是去改造它和创新它。“紫铜色陶瓷艺术釉”的诞生是雍起林先生继注册“雍起林”取得版权所有后拥有的第二个属于自己的知识产权，也是他研发的第一个专利。

雍起林先生在做试验

雍起林先生的陶塑作品一直是采用铜官本地产料土、蠕虫状红土、枯土加以氧化铁红等科学配比使之形成一种橘红色泥原料来制作，烧制成型后的作品色泽呈现独特的橘红色，颜色也与雍起林先生所创作的红色题材相吻合，但本色难免有些单一。为了改善作品颜色现状，雍起林先生做过数次的试制都不理想。企业要发展靠的还是不墨守成规，不断改革创新，他也很清楚唯有在品牌和自主创新上下大功夫，才能提高作品的艺术水准、观赏价值及收藏价值。雍起林先生潜心研究，经过无数次的实验试制，修改了多次工艺配方，加上恰到好处的火候和合适的烧成气氛，终于实验达到自己理想的效果，烧制出的作品呈现出古铜色，解决了特殊品种泥料色泽及混合不均的问题，增强了泥料的可塑性，特别适合大件作品的制作烧成，塑像的线条更加明显清晰。这不但丰富了

湖南历史名人展厅

作品种类，同时也能展现作品的技术含量，使作品更具仿古色彩，更具自己的独特风格。而且产品质量得到有效控制，使传统与现代相融合，推动和带动铜官同行业领先进入新型市场，挖掘陶瓷产业的市场价值和文化价值，促使铜官的陶瓷产业发展进入一个新时代。不论是新品种开发，还是在产量、质量上都会出现大的飞跃。通过产品艺术化和艺术产品化，客户非常满意，也给陶艺园带来了更多的效益。

雍起林先生和三女儿雍应元

同年创作的《秋收起义》系列塑像是为纪念秋收起义会师90周年量身打造的一套塑像(大、中、小三种)，1927年的秋收起义是第一次不是由军人而是工农联合一起的武装战斗，第一次公开打出了工农革命军的旗帜，初步形成了农村包围城市的战略思想，建立了共产党的第一个农村根据地，意义非凡。雍起林先生设计创作的陶塑作品《秋收起义》，着重表现以秋收起义为出发点，领导中国人民走上了一条以武装夺取全国政权的革命道路。毛泽东在这次战争后逐渐走到一个领导人的位置上的伟人的胸襟、伟大的抱负和伟大的思想，形象逼真地再现了一代伟人毛泽东主席的光辉形象。

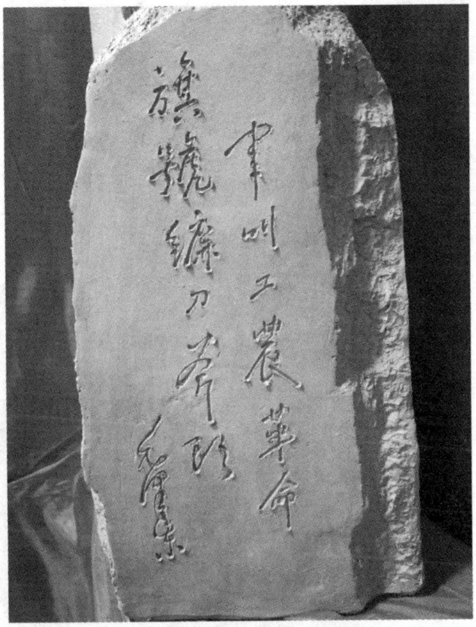

陶塑《秋收起义》上的题诗：军叫工农革命，旗号镰刀斧头

第四节　最满意的作品

国学大师王国维《人间词话》中总结了人生三境界：第一境界“昨夜西风凋碧树。独上高楼，望尽天涯路；”第二境界“衣带渐宽终不悔，为伊消得人憔悴；”第三境界“众里寻他千百度。蓦然回首，那人却在，灯火阑珊处”。

“传承红色文化，敬塑心中太阳”是雍起林先生工作室的大门对联，也是雍起林先毕生立志追求的目标，足够的积累后从量变到质变，诞生出他的最满意的陶塑作品——主席大半身塑像《心中的太阳》，这也是精神矍铄的雍起林先生为迎接2019年元旦完成的新作品。雍起林先生是个工作狂，即使到了耄耋之年，工作起来常常还到忘我的境地，他将人的生存目的、生命意义、艺术的使命在他的雕塑作品上诠释得淋漓尽致。创作的过程既是雍起林先生经过精神高度集中、物我两忘的情感和意念的酝酿过程，也是深刻挖掘内在心灵的过程。《心中的太阳》是经过艺术家毕生经验积累用情感熔铸耗时大半年时间精心制作的最满意的作品，他将一代伟大革命导师的形象刻画得触人心灵，让人感动。

雍起林先生在创作《心中的太阳》

第八章　为铜官陶瓷发热添彩

第一节　雍起林艺术馆的诞生

雍起林先生是一位自信的创业家，他不认为年龄是个问题，也从不怀疑自我的价值。摸了一辈子的陶，他深深地扎根在这个行业里，全身心都浸入到那份最纯的艺术深处，从而造就了他坚实的专业造诣。从岁月的风雨中走来，练就了他直向专业技艺上的从容；创业路上孤独的行者心胸宽广炽热，驱散了扑面的阴霾，也排解了超然的寂寥。他倾心于陶瓷艺术，渴望每件作品都尽善尽美，这种情感就像父爱，严酷里面覆满了温暖。他实实在在地做，从“小作坊”到“陶艺园”，如同看着孩子一天天长大，正如列夫·托尔斯泰所说：“你不是我，怎知我走过的路，心中的苦与乐。”对陶瓷艺术孜孜不倦的追求以及人文素养的积累和提升，造就了他独特的艺术人生，雍起林艺术馆的诞生就是凝聚着老艺术家毕生心血的产物，它叙述和弘扬的是一种古老而弥新的陶瓷艺术，寄托着老艺术家的人文关怀和文化担当，从而体现出一个内涵宏大的中华文化取向。这也告诉我们：艺术不是高高在上的，而是在我们身边、在我们点滴生活之中。

雍起林艺术馆外观

习近平同志强调，“一个国家、一个民族的强盛，总是以文化兴盛为支撑的，中华民族伟大复兴需要以中华文化发展繁荣为条件；要不断丰富人民精神世界、增强人民精神力量，不断增强文化整体实力和竞争力，朝着建设社会主义文化强国的目标不断前进。”旅游业作为第三产业的重要组成部分，已经成为地方经济发展中的重要增长点。当前中国艺术收藏和展览进入了“私人时代”，红色文化的展示、研究基地的建立在红色旅游中发挥出独特的作用。为了让更多的人从红色文化中汲取营养，充分发挥传承红色精神、弘扬革命传统、凝聚改革发展正能量的作用，需要创建有效的载体、合适的平台。为了完成心愿，顺应时代要求，雍起林陶艺园从 2019 年 3 月 6 日起正式更名为雍起林艺术品馆，展馆陈列着雍起林先生自己塑造的各类不同形象、不同时期的主席塑像，名人塑像以及毕生收藏的毛泽东主席像章、毛泽东主席各种类型的塑像、书籍和名人字画。雍起林先生希望用他自己的方式，让后人饮水思源，为实现中华民族伟大复兴提供强大精神动力，红色艺术馆作为重要载体，承担着义不容辞的社会责任。红色艺术馆也为铜官古镇的旅游发展开拓了一个新局面。

第二节　爱心成就梦想

“爱心成就梦想，真情点燃希望”。雍起林先生很诚恳地说，“作为一名老共产党员，要无私奉献，只有不贪图名利，只有在工作中尽自己的努力为大家干点事，心里才会踏实。”艺术修养的深浅决定着其作品艺术水平的高低，因此，只有不断学习、锻炼和培养，不断加强自身思想、知识、情感、艺术等方面的修养，更好地从事艺术创作，承担社会责任，才能实现以创作服务社会、反映生活的目的。已经功成名就的雍起林先生，在用自己的方式反哺社会：

2011 年元月，雍起林先生的陶塑金奖作品《长征》参加“血浓于水——支助贫困孩子大行动名家艺术品拍卖会”所拍卖的金额全部捐赠。

2014 年，陶瓷塑像作品《女书传人阳焕宜》捐赠给江永县阳焕宜故居供后人瞻仰。

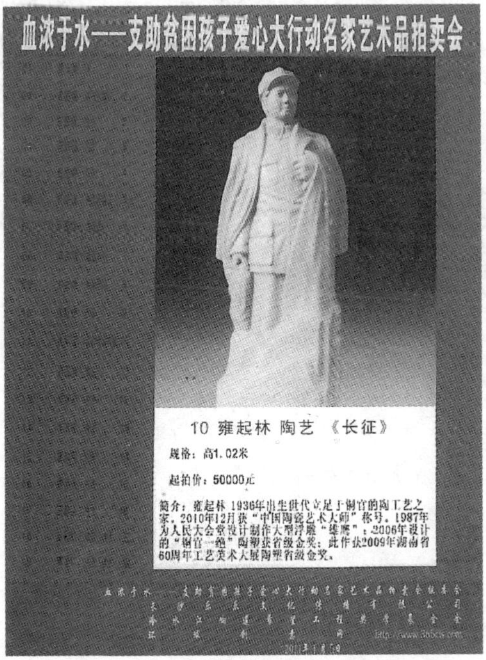

拍卖作品捐赠

2018 年 5 月，陶瓷塑像作品《毛泽东——我自岿然不动》捐赠给井冈山革命博物馆；同年，陶瓷塑像作品《毛主席在天安门》捐献给湖南省慈善总会举办的怀善敬老助学基金周年庆暨 2018 年第二届敬老助学爱心活动。

2019 年 6 月，雍起林艺术品馆被评为“以大爱为荣，帮扶龙山贫困家庭”先进单位。

第三节　无私传承

正如雍起林先生所言，“在铜官做陶就像庄稼人种田一样自然”，做陶是他生活的一部分，而他做出了自己生活的精彩。经历了七十多个春秋的磨炼，雍起林先生将毕生精力都倾注到陶瓷艺术里，掌握了做陶器的全套工艺。一个地区陶艺整体发展的前提是要把民间的力量调动起来，只有水涨才能船高。雍起林先生的工作室就在铜官古镇沿河风光带的边上，经常会有游客被门口的雕塑吸引驻足停留，也经常会有慕名而来的参观者。雍起林先生说铜官窑需要抓住每一个展示的机会，在推介平台上重塑陶艺风采。他希望未来会有越来越多的人加入铜官陶瓷复兴计划中，关注并传承这项技艺。

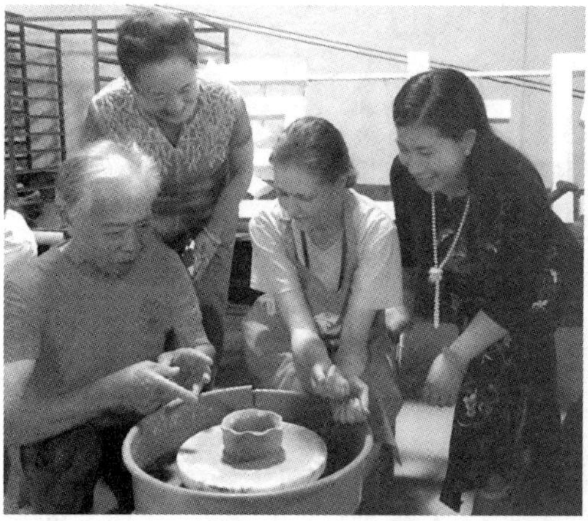
与友人交流技艺

休练

他拥有自主品牌——“雍起林”。雍起林先生的作品倾注了创作者的觉悟与思考，凝聚着他的心血和汗水；是留给后人的一个时代印记的缩影，他做得无怨无悔，干得积极热情，而一个美好的品牌能够激发人们内心的感召力量，激发人们强大的凝聚力和向心力。一个品牌的建立必须经过生产领域和流通领域两个环节，而消费者则是流通领域的“把关人”，雍起林先生以个人名字命名品牌，就意味着必须像爱护自己的生命、爱护自己的声誉一样来爱护自己的品牌。当个人的生命、信誉、尊严与自己的事业紧密结合在一起的时候，无形之中就形成了一种责任，只有将品牌渗透人心才能形成不可泯灭的无形资产；只有对品牌资产的妥善运用才可以给企业带来无穷的财富；只有利用自身的文化特色来进行品牌打造才既能突出产品特色，提升产品形象，才能增强对消费者的吸引力。

指导

他高瞻远瞩，不忘怀技艺的传承。雍起林先生是非物质文化遗产项目长沙铜官窑烧制技艺传承人。没有对传统的继承，就不会有创新和发展，陶瓷技艺是把自然界缺少生命活力的物质通过劳动的双手变成有生活气息的器物，展现出各种美的形象，巧夺天工，令人叹为观止。而传承则是个永恒的话题。雍起林先生不仅给员工传授技艺，不顾年迈在铜官现存几条龙窑处现场亲授龙窑烧制技艺方面的基础知识给后人，他希望这古老的烧制技艺能够在传承下发展。

传承烧制技艺

现场传授烧制技艺

他是一个严父，教育子女“穷则独善其身，达则兼济天下”。雍起林先生的三个女儿和女婿都继承了他的陶瓷雕塑技艺，构成了一个难得的“艺术之家”。他要求子女及弟子必须以深厚的造型基本功作根底入手，在保持一种饱满的创作激情的同时，树立高尚正直的人生理想和歌颂真善美的艺术观。雍起林先生的二女雍应培和三女雍应元也相继成立了自己的工作室“传红陶塑”和“承林陶艺”，其旨是传承发展父亲的红色陶

学校传艺

塑技艺，将铜官陶瓷艺术发扬光大。他们脚踏实地，矢志坚守在铜官长沙窑的发祥地，虽路途艰难，可他们明白，艺术的长青之树总需要用心血去浇灌才能结出累累硕果。

他以饱满的热情无私地培养着年轻一代。传统陶瓷手法作为一项历史悠久的技艺，蕴涵独特的文化艺术，是民族文明史的一部分，更是先祖们勤劳、智慧的体现，后人有必要做好保护，尽可能不让它们失传。对此雍起林先生更是不遗余力地言传身教，教导弟子们先要热爱陶艺，先有了热爱才能使自己内心变得丰韵，才能进行下一步的自觉的。雍起林先生说审美观是靠自己长时间多看、多学、多思考积累而来的，鼓励弟子们要在自己制作的过程中加以理解与思考，在传统上自主创造，勇于超越，不要养成承袭前人、仿效他人和重复自己的习惯而受到创作的羁绊，那样只会窒息了自己的创造灵气。但也要顺应市场的品质化、个性化需求，要在秉承传统根源的基础上不断丰富它、完善它，才能创造出形象生动、艺术感染力强的作品。

有人说："简单的事情重复做，你就是专家；重复的事情用心做，你就是赢家。"他呼吁更多的年轻人能喜欢热爱上陶艺，学会自己去品

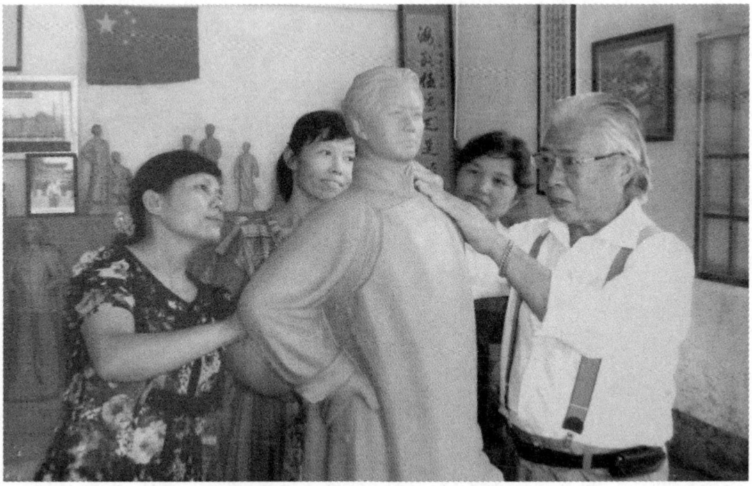

雍起林与他的三个女儿

鉴，去感受艺术的魅力，让梦想和爱好做一个美丽的嫁接，这样才能使我们的陶瓷制作能够代代相传，我们铜官陶艺也伴随着“一带一路”的东风会越来越好。

2019 年 1 月 17 日完成初稿
2019 年 12 月 1 日完成二稿
2019 年 12 月 31 日定稿
徐慧于长沙

附录　雍起林作品集

一、陶艺系列

1. 伟人雕塑系列

2019 年元旦，陶瓷塑像作品《心中的太阳》（规格：65cm×32cm×70cm）

2019 年，陶瓷塑像作品《古田会议 1》（规格：30cm×14cm×26cm）

2019 年，陶瓷塑像作品《古田会议 2》（规格：25cm×12cm×21cm）

2019年，陶瓷塑像作品《古田会议3》（规格：35cm×16cm×75cm）

2017 年，陶瓷塑像作品《东方红》（规格：21cm×12cm×30cm）

群雕：《万水千山只等闲》（规格：70cm×26cm×70cm）

2010 年，该作品获首届湘绣艺术暨第三届湖南省精品工艺美术博览会暨第四届湖南省工艺美术精品大赛银奖

2007 年 7 月，陶瓷塑像作品《毛主席在长沙》（规格：30cm×30cm×108cm）

2016 年 11 月 7 日，该作品获第九届海峡两岸（厦门）文化产业博览交易会银奖

陶瓷塑像《长征毛泽东》（规格：40cm×30cm×108cm）

2009 年，该作品在庆祝新中国成立 60 周年湖南工艺美术大赛暨第三届湖南省工艺美术大赛中获金奖

陶塑作品《毛主席祝人民万岁》（规格：43cm×25cm×110cm）

2013 年 9 月，该作品在第二届中国湘绣艺术暨第四届湖南省精品工艺美术博览会暨第五届湖南省工艺美术精品大赛中获得金奖

2012年8月，陶塑作品《开国大典》（规格：43cm×27cm×110cm）

该作品取材于1949年10月1日在首都北京天安门广场举行的开国大典

2005 年，陶塑作品《毛主席去安源》（规格：40cm×28cm×110cm）

2008年，陶塑作品《毛主席在井冈山》（规格：50cm×30cm×110cm）

2000 年，陶塑作品《毛主席挥手我前进》（规格：42cm×30cm×108cm）

2009年，陶塑作品《我自岿然不动》（规格：50cm×28cm×108cm）

2017 年，陶塑作品《秋收起义》
（为纪念秋收起义 90 周年而创作，规格：38cm×24cm×108cm）

2014 年，陶塑作品《长征途中——毛泽东》（规格：50cm×28cm×108cm）
该作品获中国收藏产业凤羽奖银质奖

2011 年，陶塑作品《毛主席在北戴河》（规格：38cm×30cm×108cm）

2011 年，陶塑作品《主席在天安门》（规格：40cm×28cm×108cm）

2010 年，陶塑作品《毛主席在庐山 1》（规格：20cm×30cm×40cm）

2018 年，陶塑作品《毛主席在庐山 2》（规格：24cm×33cm×35cm）

2011 年，陶塑作品《革命伴侣系列 1》（规格：37cm×20cm×62cm）

2012年，陶塑作品《革命伴侣系列2》（规格：34cm×22cm×49cm）

2012 年，陶塑作品《革命伴侣系列 3》（规格：35cm×30cm×64cm）

2013年，陶塑作品《革命伴侣系列4》（规格：37cm×20cm×62cm）

2012年，陶塑作品《毛主席视察黄河1》（规格：36cm×15cm×54cm）

2011 年，陶塑作品《毛主席视察黄河 2》（规格：30cm×27cm×43cm）

2018 年，陶塑作品《东方红系列 2》（规格：9.5cm×8.5cm×23cm）

2018 年，陶塑作品《主席胸像》（规格：13cm×8cm×15cm）

2012年，陶塑作品《长征》（规格：30cm×18cm×73cm）

1970 年，浮雕作品《毛泽东》（规格：16cm×9cm×22cm）

2018 年，浮雕作品《马克思》（规格：55cm×3.5cm×77cm）

2018 年，浮雕作品《恩格斯》（规格：55cm×3.5cm×77cm）

2018 年，浮雕作品《列宁》（规格：55cm×3.5cm×77cm）

2018 年，浮雕作品《斯大林》（规格：55cm×3.5cm×77cm）

2018 年，浮雕作品《孙中山》（规格：55cm×3.5cm×77cm）

2018 年，浮雕作品《毛泽东》（规格：55cm×3.5cm×77cm）

2. 生活陶艺系列

《大型龙王煨缸》（规格：高 2.2m，直径 1.9m）

1996年，陶瓷塑像作品《铜官一绝》

2015年7月，该作品在湖南省“工艺美术大师”系列宣传表彰活动中被评为“最具艺术推广价值的工艺美术品”；2006年11月，获“中国红”杯首届湖南省工艺美术精品大奖赛金奖，并被湖南省工艺美术协会收藏

1989 年，陶艺作品《湘情》（规格：直径 71cm）

1986 年，陶艺作品屈原石系列之《离骚》吾将上下而求索

（规格：15cm×5cm×14cm）

1986 年，陶艺作品屈原石系列之《远游》求正气之所由

（规格：17.5cm×4cm×11.5cm）

1986 年，陶艺作品屈原石系列之《楚辞·招魂》魂兮归来，哀江南规

（规格：17.5cm×4cm×11.5cm）

1961 年，中央工艺美术学院毕业作品《秋意》（规格：高 22cm，口径 8cm）

1997 年，陶艺作品《铜官窑碎片》（规格：48cm×180cm）

1965 年，陶塑作品《新民学会旧址》
（被韶山陈列馆收藏，规格：90cm×80cm×50cm）

1975年，陶艺作品《寿星》（规格：19cm×12.5cm×43.5cm）

2006 年，陶艺作品《鹊桥会》

1984年，铁炻器酒具：壶（规格：口径8.5cm，高19cm）；杯（规格：口径4.5cm）

1978 年，陶艺作品《十五贯》（规格：22cm×17cm×28cm）

1997 年，陶瓷雕塑作品《山鬼》

1979年，陶艺作品《仿青铜象》（规格：27cm×10.5cm×23cm）

1979年，《仿青铜壶》（规格：22.5cm×26cm，口径8.7cm）

1997 年，陶艺作品《唐代铜官窑地形图》（规格：400cm×90cm×40cm）

1984 年，陶艺作品《仿青铜羊》之一（规格：24cm×8cm×26cm）

1984 年，陶艺作品《仿青铜羊》之二（规格：24cm×11cm×20cm）

1984 年，陶艺作品《香炉》（规格：口径 13cm，高 19.5cm）

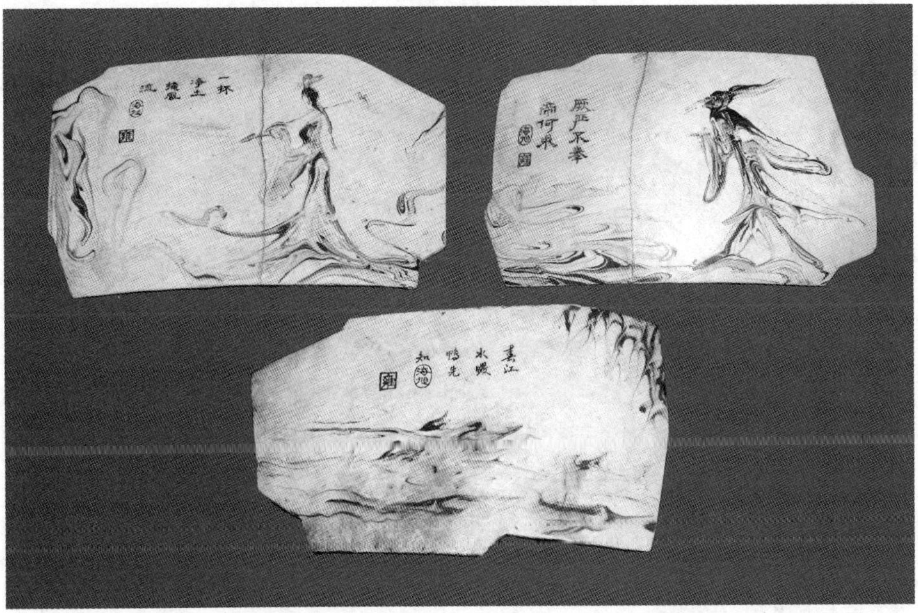

2003 年，陶艺作品《江河水曲流》系列（规格：26cm×18cm）

1985 年，陶艺作品《工艺钟》（规格：34.58cm×26cm）

1982年，陶艺作品《铁炻器花瓶》（规格：口径12cm，高31cm）

1968 年 6 月，雍起林为父亲塑像（规格：31.5cm×7cm×46cm）

1979年，陶艺作品《红釉花瓶》（规格：口径16.5cm，高50cm）

1994 年，陶艺作品茶叶筒《富华之尊》（规格：直径 14cm，高 30cm）

1979 年，陶艺作品《变形猫》（规格：22cm×27cm）

1990 年，陶艺作品《夫妻花瓶》（规格：口径 17cm，高 31cm）

1978 年，陶艺作品《昭陵六骏》（小）（规格：8.5cm×2.2cm×6.5cm）

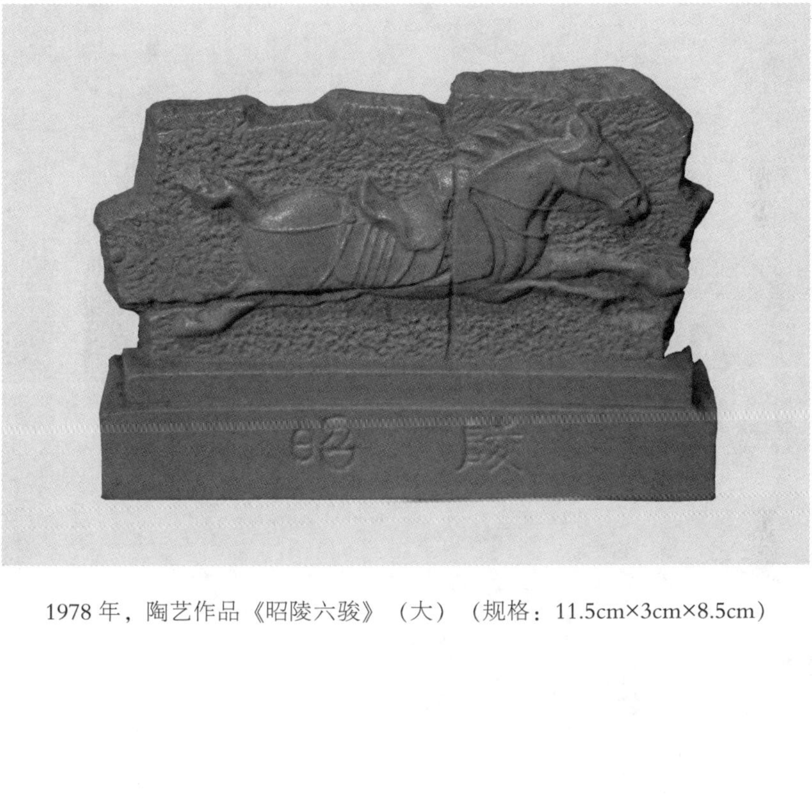

1978 年，陶艺作品《昭陵六骏》（大）（规格：11.5cm×3cm×8.5cm）

1982年，陶艺作品《油盐缸》（获轻工部三等奖，规格：口径8cm，高10cm）

1978 年，陶艺作品《太白醉酒》（规格：15cm×12.5cm×13.5cm）

1979 年，陶艺作品《罗汉》之一（规格：11cm×9cm×18cm）

1979 年，陶艺作品《罗汉》之二（规格：17.5cm×11cm×19cm）

1979 年，陶艺作品《罗汉》之三（规格：10cm×10.5cm×16.5cm）

1979 年，陶艺作品《罗汉》之四（规格：17.5cm×11cm×22.5cm）

1975 年，陶艺作品《陶狮》系列（大狮规格：10.5cm×7.5cm×18cm；
小狮规格：7cm×3.5cm×8cm；对狮规格：11.5cm×3.5cm×24cm）

1988 年，陶艺作品《啤酒杯》（规格：口径 8cm，高 16cm）

1980年，《西汉古酒瓶》（规格：高18cm，口径6cm）

设计的《酒瓶》系列被评为湖南省优秀包装工作者和优秀包装产品设计者，《西汉古酒瓶》被湖南省轻工业厅评为一等奖

1980 年，《凤瓶》（规格：高 25cm，口径 2.5cm）

设计的《酒瓶》系列被评为湖南省优秀包装工作者和优秀包装产品设计者

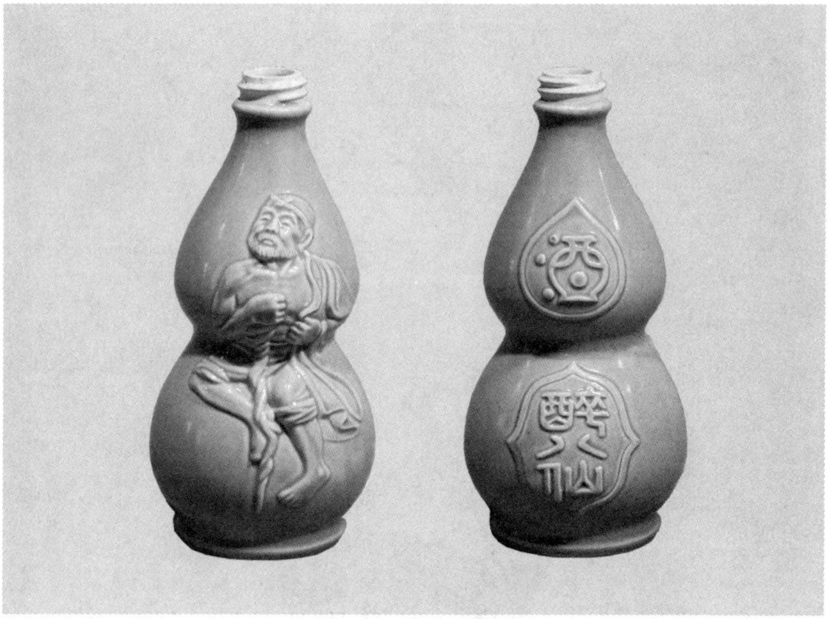

1981 年，《醉八仙瓶》（规格：高 22cm，口径 2.5cm）

设计的《酒瓶》系列被评为湖南省优秀包装工作者和优秀包装产品设计者

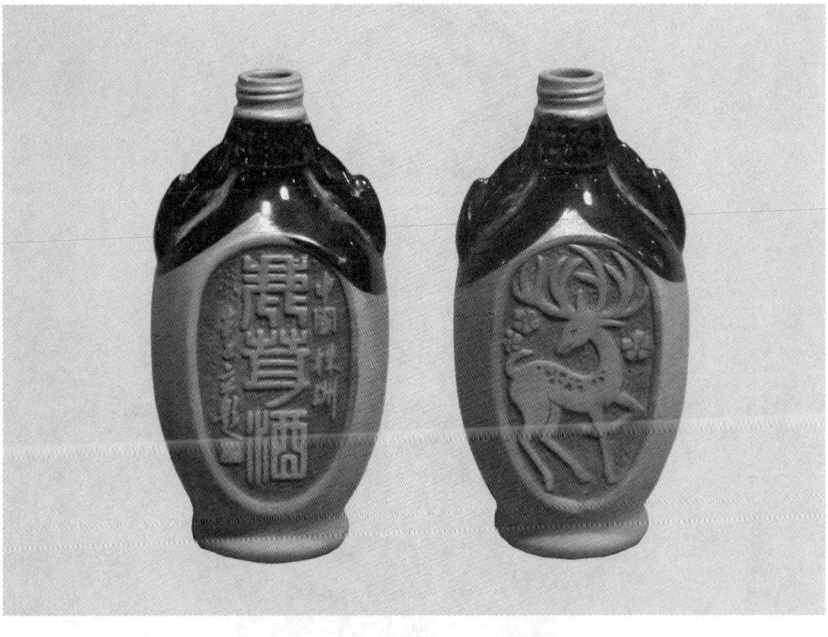

1981 年，《鹿茸酒瓶》（规格：高 21cm，口径 3cm）

设计的《酒瓶》系列被评为湖南省优秀包装工作者和优秀包装产品设计者

1981 年，《龟蛇瓶》（规格：高 22cm，口径 2.5cm）

设计的《酒瓶》系列被评为湖南省优秀包装工作者和优秀包装产品设计者

兰花碟（规格：直径 25.5cm）

1975年，炻瓷《梅花》平盘（规格：直径25.5cm）

1990年，陶艺作品“第二届电视剧奖”奖杯（规格：口径11cm，高29cm）

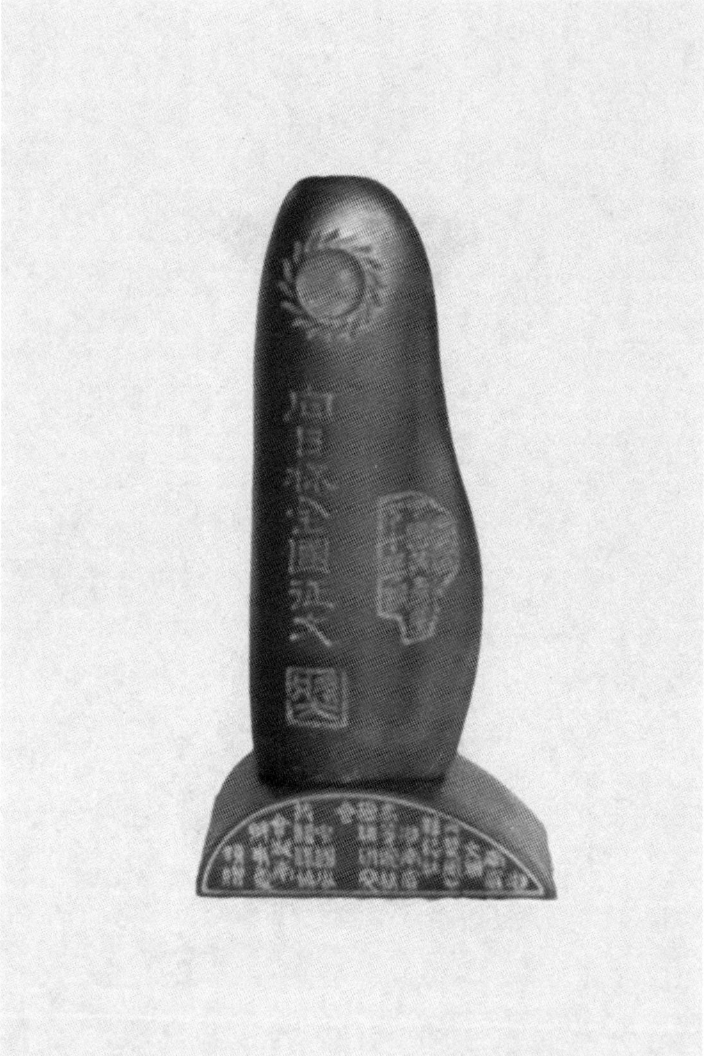

1991 年，应邀为庆祝中国共产党成立七十周年的“向日杯全国征文”大奖赛设计的奖杯（规格：口径 5cm，高 29cm）

1978 年，陶艺作品《牙签筒》（规格：8.5cm）

3. 历史名人陶塑系列

2015 年，陶塑《雷锋》（规格：40cm×30cm×108cm）

2015 年，陶塑《阳焕宜》（湖南江永女书传人，规格：72cm×56cm×105cm）

2015 年，陶塑《熊希龄》（规格：42cm×52cm×72cm）

2015 年，陶塑《黄兴》（规格：41cm×28cm×110cm）

2014年，陶塑《齐白石》（规格：38cm×40cm×75cm）

2015 年，陶塑《王闿运》（规格：42cm×50cm×75cm）

2014 年，陶塑《周敦颐》（规格：68cm×28cm×58cm）

2014 年，陶塑《郭亮》（规格：35cm×28cm×108cm）

2016 年，陶塑《杨度》（规格：30cm×28cm×108cm）

2016 年，陶塑《彭玉麟》（规格：34cm×30cm×108cm）

2016 年，陶塑《胡林翼》（规格：38cm×26cm×110cm）

2016 年，陶塑《曾国藩》（规格：48cm×50cm×75cm）

2016 年，陶塑《怀素》（规格：30cm×25cm×105cm）

2016年，陶塑《曾纪泽》（规格：28cm×30cm×108cm）

2016 年，陶塑《谭嗣同》（规格：38cm×28cm×108cm）

2015 年，陶塑《杨开慧》（规格：40cm×30cm×108cm）

2015 年，陶塑《刘少奇》（规格：35cm×28cm×108cm）

1980 年，陶塑《列宁》（规格：22cm×18cm×55cm）

2014 年，创作陶塑《雷锋》（规格：80cm×40cm×93cm）

2016 年，陶塑《何绍基》（规格：30cm×28cm×100cm）

2015年，陶塑《田汉》（规格：38cm×26cm×110cm）

2017 年，陶塑《毛主席的母亲文氏》（规格：65cm×32cm×70cm）

2017 年，陶塑《毛主席的父亲》（规格：65cm×32cm×70cm）

4. 出援突尼斯作品系列

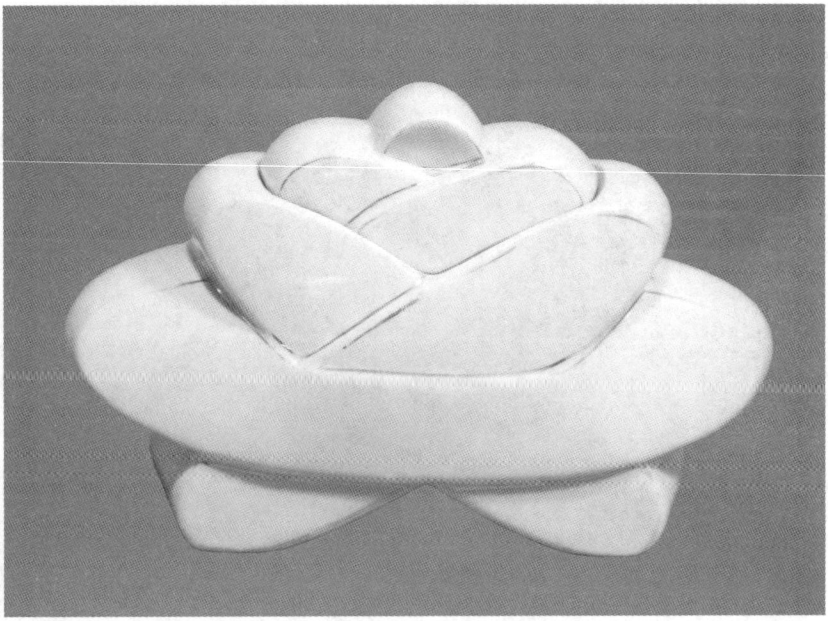

1988 年 6 月，《沙漠玫瑰》（出援突尼斯作品，规格：18cm×7cm×14cm）

1988 年 6 月，《云碟》（出援突尼斯作品，规格：9cm×6cm）

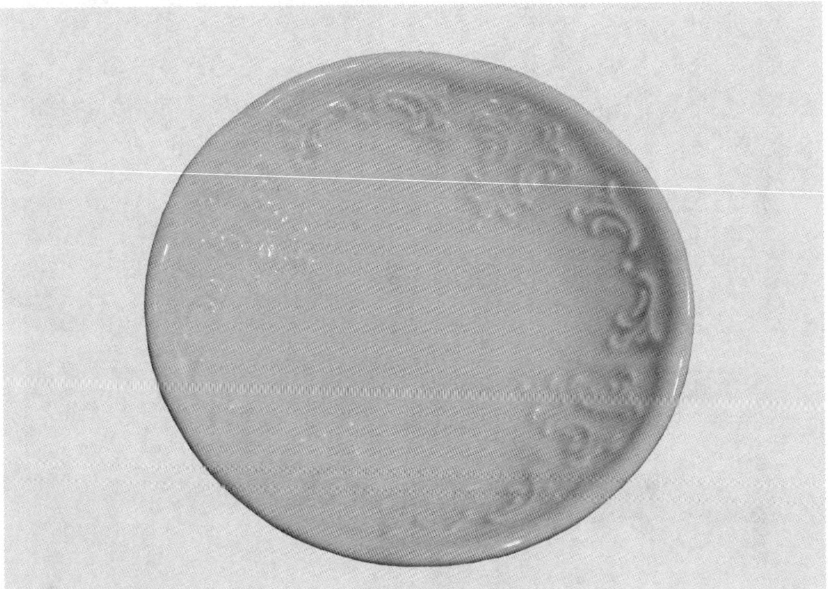

1988 年 6 月，《小碟》（出援突尼斯作品，规格：直径 8cm）

二、设计手稿

装饰画设计

花纹设计

花纹设计

花纹设计

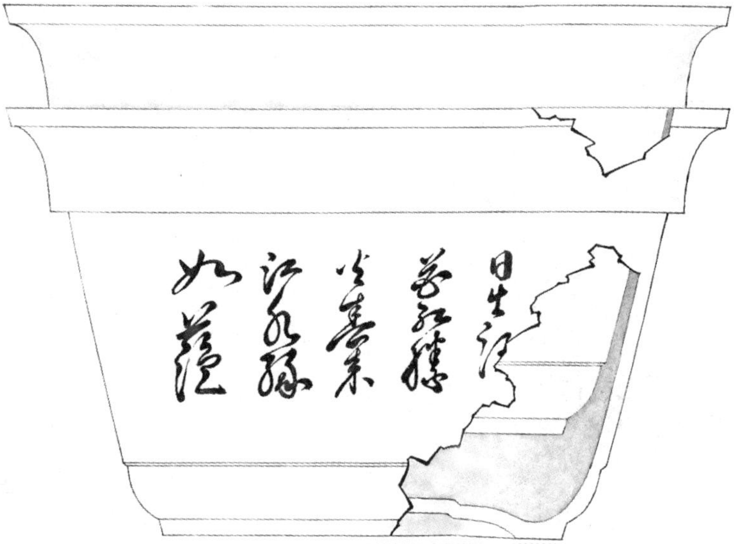
日出江花红胜火春来江水绿如蓝

鱼

鱼

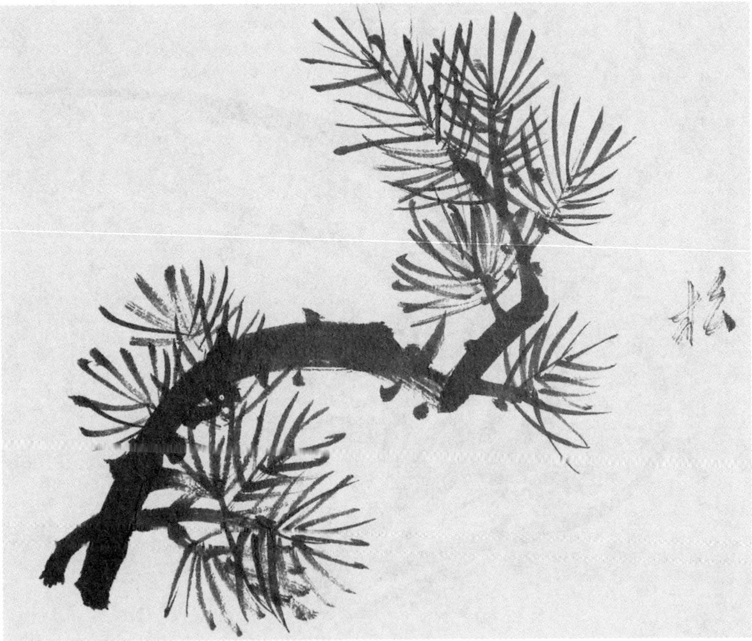

松

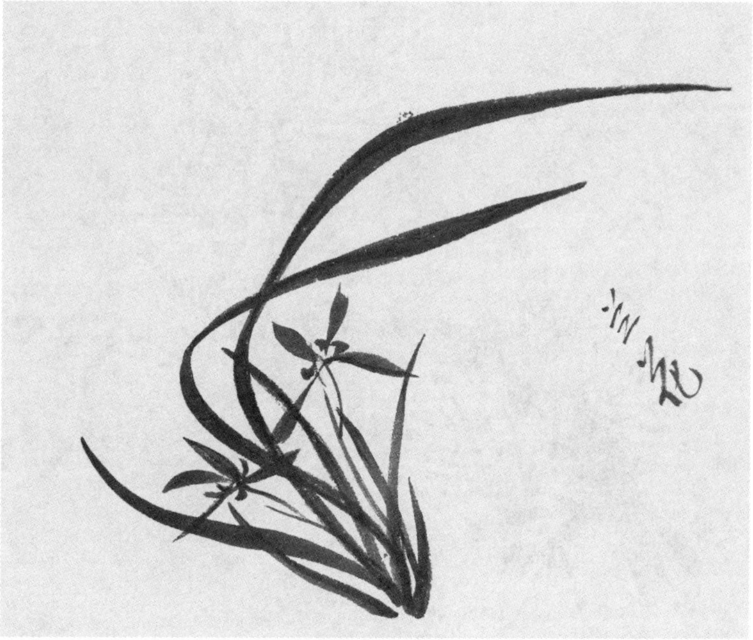

兰花

兰花

兰花

兰花

兰花

兰花

竹

竹

竹

牡丹

二〇〇二年盛夏
雍起林画

我们的榜样

后　记

江边古镇铜官唊口子里岸傍晚至夜，悠闲散步和匆匆路过的人们经过雍起林陶艺园，总会看到雍起林工作室里的灯亮着，82 岁高龄的雍起林先生还在聚精会神地塑造着他的作品，手中雕塑的一个个鲜活的人物形象，同陈列在展厅的陶艺雕塑一起，在时光的流淌中静静地、尽情地绽放着陶韵的艺术光芒！什么是工匠精神！这就是！这种耐心、专注、持之以恒在老艺术家对雕塑事业的执着追求中表现得淋漓尽致，这种活到老、学到老、做到老的精神，对事业的不懈追求，与当今社会心浮气躁，刻意“短、平、快”（投资少、周期短、见效快）追求即时利益形成鲜明对比！这种对工作孜孜不倦、精益求精的精神对时下特别对年轻一代来说是无愧于我们学习的楷模和典范！

笔者是个土生土长的铜官人。正如雍老师所言“在铜官做陶就像庄稼人种田一样自然”，铜官五六十年代出生的孩子每家都有好几个兄弟姊妹，基本都是在泥巴地摸爬滚打中长大的，记得我们儿时放学回家后做的第一件事就是帮父母亲收坯（制作的日用陶半成品），偶尔搓些泥团打仗也会遭到大人们的训斥，等我们这一代人长大时，铜官的陶艺也在变革中不断发展，机械化逐步替代了纯手工生产，由原先制作简单的日用粗陶逐渐演化成精陶乃至出口的炻瓷类。笔者一直在铜官陶瓷总公司的下属单位工作，先后从事过幼教、办公室、劳资科、生产计划科等诸多岗位，经历了改革开放后的体制改革，在下岗后的自谋职业中积累了电脑教学、私企财务、贸易部等方面的从业经验。可以说我们这代人见证了铜官陶瓷的兴衰发展，那个靠天吃饭的日子虽然已经一去不复返了，但童年的记忆却是深刻的。

今年是笔者在雍起林艺术馆任职的第六个年头了，见证了“雍起林陶艺园”到“雍起林艺术馆”的变化，耳闻目睹了雍起林先生对工作孜孜不倦的追求，深受他“只争朝夕”的精神影响，作为后辈的我们有必要将这些经过老艺术家不断探索、历练积累的宝贵经验传承下来。同时，在一个艺术氛围中工作，也激发了我不少的艺术创作兴趣。在这里，我拣起了毛笔，玩起了泥巴，也有了属于自己的“作品”；在这里，我分清了推花、堆花、刻花和括花；在这里，我更深入地对铜官陶瓷的起源、发展以及引领、影响了铜官陶瓷行业近几十年发展壮大的炻瓷有了更进一步的了解……

工作的缘故对雍起林先生的作品（包括各个时期的作品及获奖情况）有所了解，创作一个作品是诸多故事积累到一定程度的产物。待在雍起林艺术馆的这几年觉得自己应该做些什么，于是从2018年起开始着手收集整理并发掘雍起林先生作品背后的故事，针对《铜官陶工》所需要的铜官陶瓷总公司的发展历史及与本书相关的问题，笔者参考了湖南省铜官陶瓷总公司老龄工作委员会编写的《铜官陶历史》、铜官陶瓷总公司原办公室主任刘铁柱老师所著《铜官古韵》，根据雍起林先生的家属、同事、弟子提供的照片和早期的相关资料，承蒙李征军老师对所提供的老照片、设计草稿等资料进行的精心拍摄，且在诸多老师、同仁的热忱支持和协助下完成了本书的编撰，与其他相比，在工作中获得的能力、经验、知识的增长更具价值，谨此一并表示由衷的感谢。

老子说过：“知人者智，自知者明”。每个人都有自己的梦想，有梦想更要有一份责任，囿于笔者水平，唯一能做的就是不断学习滋养心中的那个梦想，努力找寻自我的同时，努力地成为我所是，不断提升自己，才能在追梦的路上继续前进！

徐　慧

2019年10月5日

图书在版编目（CIP）数据

铜官陶工 ：雍起林作品背后的故事 / 徐慧著 . --
湘潭 ：湘潭大学出版社，2021.5
ISBN 978-7-5687-0547-9

Ⅰ. ①铜… Ⅱ. ①徐… Ⅲ. ①雍起林—传记 Ⅳ.
① K825.72

中国版本图书馆 CIP 数据核字（2021）第 070657 号

铜官陶工：雍起林作品背后的故事

TONGGUAN TAOGONG : YONG QILIN ZUOPIN BEIHOU DE GUSHI

徐慧 著

责任编辑：王亚兰
封面设计：谈振威
出版发行：湘潭大学出版社
社　　址：湖南省湘潭大学工程训练大楼
电　　话：0731-58298960 0731-58298966（传真）
邮　　编：411105
网　　址：http://press.xtu.edu.cn/
印　　刷：长沙印通印刷有限公司
经　　销：湖南省新华书店
开　　本：710 mm×1000 mm 1/16
印　　张：14.75
字　　数：155 千字
版　　次：2021 年 5 月第 1 版
印　　次：2021 年 5 月第 1 次印刷
书　　号：ISBN 978-7-5687-0547-9
定　　价：88.00 元